Henri J. M. Nouwen

Gottes Clown sein

Henri J. M. Nouwen

Gottes Clown sein

Vom Beten und Dienen

Herder
Freiburg · Basel · Wien

Titel der Originalausgabe:
Clowning in Rome
Reflections on Solitude, Celibacy,
Prayer and Contemplation
Erschienen bei Doubleday & Company, Inc., New York

Übertragung aus dem Amerikanischen von
Dr. Ursula Schottelius

Umschlagbild: Buchmalerei
zu Psalm 43,5 (Reproduktion Bildarchiv Herder)

Vierte Auflage

Imprimatur. – Freiburg im Breisgau, den 31. Juli 1985
Der Generalvikar: Dr. Schlund
Herstellung: Freiburger Graphische Betriebe 1989
ISBN 3-451-20544-0

Inhalt

II. Der Zölibat und das Heilige

III. Gebet und Gedanken

IV. Kontemplation und geistlicher Dienst

Einführung
Am Rande des Zirkus

Dieses Buch wurde in Rom geboren. Schon oft hatte ich mich gefragt, wie es sich wohl in Rom leben ließe, und zwar länger als nur für ein paar Ferienwochen. Als mich die Leitung des Nordamerikanischen Kollegs einlud, fünf Monate ihr Gast zu sein, bekam ich die Chance, es auszuprobieren.

Es dauerte eine ganze Weile, bis ich daran gewöhnt war, in einem Haus zu wohnen, von dem ich sowohl den Vatikan wie das Monument Victor Emmanuels sehen konnte; ich brauchte auch eine gewisse Zeit, sowohl mit den feierlichen päpstlichen Zeremonien in St. Peter vertraut zu werden wie mit den leidenschaftlichen Demonstrationen auf der Piazza Venezia; ich konnte mich auch nicht sofort in einer Stadt zu Hause fühlen, in der Frömmigkeit und Gewalt an Intensität einander nicht nachstehen; und es brauchte eine Zeitlang, die frommen Beter auf dem Petersplatz genau so selbstverständlich für einen Teil des römischen Lebens zu halten wie die Künstler auf der Piazza Navona. Aber nach einem Monat schienen mir die imponierenden Gebäude, die großen Menschenmassen und die sensationellen Ereignisse kaum mehr zu sein als der Hintergrund für etwas viel weniger Auffälliges, doch viel Eindrücklicheres.

Während dieser fünf Monate in Rom waren es nicht die rotgewandeten Kardinäle oder die Roten Brigaden, die mich am meisten beeindruckten, sondern die kleinen Dinge, die sich zwischen den großen Schauplätzen abspielten. Ich lernte ein paar Studenten der St. Ägidius-Gemeinde kennen, die ihre Zeit damit „vergeudeten", sich um Hauptschüler zu kümmern, die den Schulabschluß nicht geschafft hatten; ich traf eine Schwester der Medizinischen Mission, die ihre Zeit zwei alten, alleinstehenden hilfsbedürftigen Frauen in Trastevere widmete. Ich begegnete jungen Männern und Frauen, die nachts Betrunkene in den Straßen auflasen, ihnen ein Dach über dem Kopf boten und etwas zu essen gaben. Ich traf einen Priester, der Gemeinschaften für Behinderte einrichtete, einen Mönch, der zusammen mit drei jungen Amerikanern in einer römischen Vorstadt eine kontemplative Gemeinschaft gründete. Ich stand vor einer Frau, die so sehr in die göttlichen Mysterien versunken war, daß aus ihrem Gesicht die Liebe Gottes leuchtete. Ich begegnete vielen heiligmäßigen Männern und Frauen, die ihr Leben in entwaffnender Großherzigkeit für andere einsetzten. Und langsam begann ich zu verstehen, daß in dem großen Zirkus von Rom, der voller Löwenbändiger und Trapezkünstler ist, deren glänzende Kunststücke unsere Aufmerksamkeit erregen, die wirkliche und wahre Geschichte von den Clowns erzählt wird.

Clowns stehen nicht im Mittelpunkt des Geschehens. Sie treten in den Zwischenakten auf, stolpern und fallen und bringen uns zum Lachen nach den aufregenden Leistungen der Helden, die zu bewundern wir herkamen. Die Clowns haben nicht das Ei des Columbus, was sie versuchen, geht daneben, sie sind unbeholfen, unsicher, linkisch, aber: sie sind Leute auf unserer Seite. Wir bringen ihnen nicht Bewunderung, wohl aber Sympathie entgegen, nicht Staunen, sondern Verständnis, wir reagieren auf sie nicht mit Spannung, sondern mit einem Lächeln. Von den Virtuosen sagen wir: „Wie bringen sie das fertig?", von den Clowns: „Sie sind wie unsereiner."

Die Clowns erinnern uns mit einem Weinen und einem Lächeln an unsere gemeinsamen menschlichen Schwächen. So ist es nicht überraschend, daß Pastoralpsychologen wie Heije Faber in Holland und Seward Hiltner in Amerika im Clown ein eindrucksvolles Bild sehen, das uns die Rolle des Geistlichen in der Gesellschaft von heute verständlich macht.

Je länger ich in Rom war, um so mehr freute ich mich über die Clowns, jenen Menschen an der Peripherie, die durch ihr einfaches heiligmäßiges Leben ein Lächeln hervorrufen und Hoffnung wecken, sogar in einer Stadt, die von Entführungen und Straßenkriminalität terrorisiert wird. Es ist falsch, die Kirche in Rom nur für eine phantasielose Bürokratie zu halten, für ein starres Bollwerk des Konservativismus oder bloß für ein prächtiges Museum der Renaissance-Kunst. Es gibt zu viele Clowns in Rom, sowohl innerhalb wie außerhalb des Vatikans, die solche Vorstellungen widerlegen. Ich kam sogar zu der Überzeugung, daß hinter dem Schwarz, dem Purpur und dem Rot der römischen Kirchen und den Soutanen und Krägen in den römischen Ämtern genung Clown-Sein übriggeblieben ist, um die Hoffnung nicht aufzugeben.

Von dieser Hoffnung sind die vier Kapitel dieses Buches getragen. Sie wurden ursprünglich als Vorträge für Ordensfrauen, Priester und Seminaristen aus dem englischen Sprachraum in Rom gehalten, und sie wollen aufmerksam machen auf vier clownähnliche Elemente im geistlichen Leben: Einsamkeit, Zölibat, Gebet und Kontemplation.

Meine wachsende Zuneigung für die Clowns in Rom weckte in mir den Wunsch, selbst ein wenig auf ihren Pfaden zu wandeln und über so törichte Dinge zu sprechen wie: Alleinsein, kostbare Leere, entblößt stehen vor Gott und einfach die Dinge zu sehen, wie sie sind. Ich kam zu der Ansicht, daß in dieser überfüllten, eindrucksvollen, ehrwürdigen und geschäftigen Stadt ein leidenschaftliches Verlangen bestand, die andere Seite unseres Lebens auszuleben, die Seite, die spielen, tanzen und lächeln will und andere unnütze Dinge tun.

Beschäftigte Ordensfrauen mit großer Verantwortung wollten etwas über Einsamkeit hören. Seminaristen, die schon die Gefahren eines Lebens allein ahnten, stellten Fragen über den Zölibat als einer anderen Lebensweise. Geistliche, die die schweren Anforderungen des geistlichen Dienstes erkannt hatten, fragten nach der Möglichkeit eines ganz dem Gebet gewidmeten Lebens. Und alle, die eine der vielen römischen Hochschulen besuchten und mehr und mehr in das politische, gesellschaftliche und kulturelle Leben der Stadt hineingezogen wurden, zweifelten, ob sie je in der Lage sein würden, ihrem kontemplativen Verlangen Rechnung zu tragen.

Ich habe dieses Buch „Gottes Clown sein in Rom" genannt, weil alle Themen, über die man mich zu sprechen bat, am Rande der Welt angesiedelt schienen, mit deren Ereignissen die großen Tageszeitungen „Il Messagero" und „Il Corriere della Sera" ihre Spalten füllten, während sie doch für ein Leben im Geist von höchster Bedeutung sind.

Die vier Kapitel folgen einander nicht in logischer Reihe. Sie können auch unabhängig voneinander gelesen werden. Ihr Bindeglied ist die Stadt Rom, die sie inspirierte, und daß sie für Ordensfrauen, Priester und Seminaristen, die in dieser Stadt leben, geschrieben wurden. Daher habe ich der Versuchung widerstanden, den Stil des gesprochenen Wortes in einen Essaystil zu ändern oder den Text für ein spirituell allgemeiner interessiertes Publikum umzuschreiben. Die Besonderheit des Ortes und der Zuhörer gehört so wesentlich zur Darstellung, daß man nicht auf sie verzichten kann. Dadurch mag dieses Buch vielleicht etwas holprig erscheinen. Aber wenn „Gottes Clown sein" zu glatt und gekonnt verlaufen würde, wo könnte es dann noch ein Lächeln erwecken?

I

Einsamkeit und Gemeinschaft

Einführung

Denken wir an die Schlagzeilen der letzten Zeit, dann wird uns klar, daß sich unsere Welt in einem Ausnahmezustand befindet. In Rom wurde ein Richter getötet und Aldo Moro, der Führer der Democrazia Cristiana, entführt, fünf seiner Leibwächter ermordet. In Turin fiel ein Polizeioffizier einem Attentat zum Opfer, in Mailand wurden zwei junge linke Studenten umgebracht. In Holland besetzten molukkische Terroristen ein Regierungsgebäude und hielten das Land viele Stunden lang in Angst und Schrecken. In Israel töteten palästinensische Guerillas vierunddreißig Passagiere eines Autobusses und im Libanon verloren bei Vergeltungsaktionen hundert Männer, Frauen und Kinder ihr Leben. In Rhodesien, Äthiopien und Somalia besteht der Kriegszustand trotz vieler Verhandlungen weiter fort. In den Vereinigten Staaten und vielen anderen Ländern bedrohen Streiks die Wirtschaft und enthüllen die tiefe Unzufriedenheit von Millionen Menschen mit ihren Lebensbedingungen. In Belgrad führte eine Weltkonferenz über Menschenrechte zu keinem Ergebnis von Bedeutung, stattdessen werden immer mehr Verletzungen aus der Sowjet-Union, Argentinien, Paraguay und anderen Ländern gemeldet. Das Verhältnis der Großmächte untereinander verschlechtert sich, während die Gefahr eines weltweiten Holocaust mit dem Ausbau der Atomwaffenarsenale wächst. Am Ende des zweiten Jahrtausends christlicher Zeitrechnung, dem wir uns nähern, ist unsere Welt überschattet von einer alles durchdringenden Angst, einem Gefühl wachsender Verzweiflung und der lähmenden Einsicht, daß sich die Menschheit wirklich am Abgrund des Selbstmordes befindet. Wir müssen uns nicht mehr fragen, ob wir uns einem Notstand nähern, wir befinden uns heute und jetzt mitten darin.

Man braucht kein großer Prophet zu sein, um vorauszusagen, daß es in den kommenden Jahrzehnten nicht nur weitere Kriege, mehr Hunger und mehr Unterdrückung geben wird, sondern auch verzweifelte Versuche, all dem zu entrinnen. Wir müssen auf eine Zeit gefaßt sein, in der Selbstmord so weit verbreitet sein wird wie heute Drogen, in der neue Arten von Geißelmönchen durch das Land ziehen, um die Menschen mit der Ankündigung des Endes aller Dinge zu schrecken, während neue exotische Kulte mit komplizierten Ritualen versuchen werden, die Katastrophe abzuwenden. Wir müssen auf einen Aufbruch neuer religiöser Bewegungen vorbereitet sein, die den Namen Christi für höchst unchristliche Praktiken mißbrauchen. Kurzum, wir haben uns darauf einzurichten, in einer Welt zu leben, in der Angst, Mißtrauen, Argwohn, Haß, körperliche und geistige Folter und eine wachsende Verwirrung die Herzen von Millionen Menschen verdunkeln werden.

Und gerade mitten in dieser dunklen Welt wird die Gemeinschaft der Christen auf die Probe gestellt. Können wir in der großen Menschenfamilie unseren Brüdern und Schwestern Licht, Salz und Ferment sein? Können wir den Menschen dieser Zeit Hoffnung, Mut und Vertrauen bieten? Können wir diese lähmende Angst durchbrechen, indem wir diejenigen, die beobachtend am Rande stehen, zu dem Ausruf veranlassen: „Seht, wie sie einander lieben, wie sie ihrem Nächsten dienen, und wie sie zu ihrem Herrn beten?" Oder werden wir zugeben müssen, an diesem geschichtlichen Scheideweg nicht die notwendige Stärke oder Freigebigkeit besessen zu haben und daß unsere christlichen Gemeinden nicht viel mehr sind als Solidaritätsgemeinschaften wohlmeinender Leute, die sich gegenseitig in ihren individuellen Interessen unterstützen?

Als ich gebeten wurde, mir Gedanken über die Einsamkeit im Leben einer religiösen Gemeinschaft zu machen, merkte ich, daß ich darüber nur im Zusammenhang mit diesen drängenden Fragen sprechen konnte. Es wäre leicht und von daher verlockend, einfach über das Verhältnis von Einsamkeit und Gemeinschaft im allgemeinen zu reden, aber darin läge kein Ansporn. Daher will ich versuchen zu erklären, wie diese Notlage unserer Welt in uns neues Verständnis dafür wecken kann, daß Alleinsein im Leben einer christlichen Gemeinschaft unverzichtbar ist.

Ich möchte meine Gedanken über das Leben einer christlichen Gemeinschaft unter drei Stichworte stellen – Intimität, priesterlicher Dienst und Gebet – weil Intimität („seht, wie sie einander lieben"), priesterlicher Dienst („seht, wie sie einander dienen") und Gebet („seht, wie sie zu ihrem Gott beten"), die lebensspendenden Kräfte einer zeugnisfähigen Gemeinde sind. Ich möchte aufzeigen, wie diese drei

Seiten einer Gemeinschaft, die Zeugnis geben will, verbunden sind mit Ehelosigkeit, Gehorsam und Armut und von daher Einsamkeit zur Notwendigkeit wird.

Einsamkeit und Intimität

Die Triebkräfte der Furcht und der Angst

Wie kann Einsamkeit das gemeinsame Zeugnis der Liebe vertiefen? In unserer aufgewühlten Welt sind Angst und Furcht mächtige Triebkräfte menschlichen Verhaltens geworden. Nicht nur in den Tageszeitungen lesen wir, wie Furcht Menschen zusammentreibt und Angst sie aneinanderbindet, sondern wir bemerken auch, daß viele Ordensgemeinschaften von Unrast erfaßt sind, angesteckt von Angst und Furcht. Sie verlangen dringend nach einem Ort, der ein Gefühl der Zusammengehörigkeit bietet, wo über Mißerfolge gesprochen werden kann, Enttäuschungen Teilnahme finden und Sorgen geheilt werden. Viele Ordensgemeinschaften, die früher sicher und selbstbewußt in sich ruhten, beginnen nun zu zweifeln und empfinden ein Gefühl der Ohnmacht. Viele Männer und Frauen, die sich jahrelang in ihrem Ordensleben ganz zufrieden fühlten, stellen nun den Sinn ihrer Berufung in Frage. Sie sind sich nicht mehr sicher, einen echten Beitrag leisten zu können, und fragen sich, ob die Welt sie wirklich braucht, ja sogar, ob sie sich nicht von zweifelhaften

Motiven und einem falschen Verlangen haben irreführen lassen. Viele stellen sich die Frage, ob sie jemals eine wirklich freie Entscheidung getroffen haben und sich nicht von einer Art von Frömmigkeit haben verführen lassen, die nun völlig belanglos geworden zu sein scheint.

In diesem Umfeld des Selbstzweifels beginnen viele ein tiefes Gefühl der Entfremdung und des Alleinseins zu verspüren. Oft suchen sie, in ihren eigenen Gemeinschaften eine neue Art des Zusammenlebens zu entwickeln, entdecken aber dabei nur, wie tief ihre wirklichen Nöte sind und wie schwer es ist, sich im eigenen Haus zufrieden zu fühlen. Es überrascht nicht, daß tiefe sexuelle Triebe, die bis dahin unterhalb der Schwelle des Bewußtseins blieben, nun aber ins Zentrum unseres Innewerdens drängen und oft den Wunsch aufkommen lassen, völlig mit der Vergangenheit zu brechen und ein neues Leben zu beginnen, in dem Intimität unmittelbarer erfahren werden kann. Sehr oft sind es gerade diejenigen, die besonders sensibel auf die Ängste und Ärgernisse unserer Welt reagieren und am leidenschaftlichsten nach Lösungen suchen, die am intensivsten ein Bedürfnis nach Zuneigung und Zärtlichkeit verspüren, dem ihre Gemeinschaft nicht entsprechen kann.

Daher dürfen wir uns wohl die Frage stellen, ob nicht viele Männer und Frauen in geistlichen Gemeinschaften so sehr von den Ängsten und Ärgernissen unserer Welt betroffen sind, daß es ihnen praktisch unmöglich ist, wie Kinder auf der Flöte zu spielen und andere zum Tanz zu laden (vgl. Lk 7,32). Innere Bedrängnis und Unrast sind so mächtig geworden, daß es ihnen nur noch um ihr persönliches, physisches und emotionales Überleben geht. Das erfordert soviel Energie, daß ein lebendiges und überzeugendes Eintreten für die liebende und fürsorgende Gegenwart Gottes kaum von ihnen erwartet werden kann.

Aus all dem folgt, daß eine Gemeinschaft, in der keine wirkliche Intimität erfahren werden kann, auf Dauer kein schöpferisches Zeugnis in unserer von Furcht und Angst beherrschten Welt zu geben vermag. In dieser Situation ist es notwendig, die Bedeutung der Einsamkeit im Leben einer Gemeinschaft gründlich zu betrachten. Es könnte sein, daß wir – sollten wir Einsamkeit geringer einstufen als die dringenden Bedürfnisse unserer Welt – damit das Fundament unseres christlichen Zeugnisses gefährden. Daher möchte ich zunächst auf die Einsamkeit als die Quelle eines dauernden Gespürs für Intimität eingehen.

Frei von Zwängen

Einsamkeit ist der Ort, an dem wir die tiefe Bindung erfahren können, die viel tiefreichender ist als die aus Not entstandenen Bande der Angst und der Furcht. Obwohl Angst und Furcht uns durchaus einander näher bringen können, vermögen sie doch nicht, uns zu einem gemeinsamen Zeugnis zu bewegen. In der Einsamkeit erkennen wir vielleicht, daß wir nicht zueinander getrieben, sondern zueinander geführt wurden; in der Einsamkeit erfahren wir unsere Mitmenschen nicht als Partner, die unseren tiefsten Bedürfnissen entsprechen können, sondern als Brüder und Schwestern, mit denen wir aufgerufen sind, Gottes allumfassende Liebe sichtbar zu machen. Im Alleinsein entdecken wir, daß Gemeinschaft nicht eine gemeinsame Ideologie ist, sondern die Antwort auf eine gemeinsame Berufung. Im Alleinsein erkennen wir, daß Gemeinschaft nicht hergestellt, sondern geschenkt wird.

Alleinsein ist somit keine privat verbrachte Zeit im Gegensatz zu gemeinsam verbrachter Zeit, auch keine Zeit, um unseren ermüdeten Geist wiederherzustellen. Alleinsein und Stille sind etwas ganz anderes als eine Art Pause im Gemeinschaftsleben. Alleinsein ist der Grund, aus dem Gemeinschaft erwächst. Wenn wir allein beten, studieren, lesen, schreiben oder einfach allein sind, weg von dort, wo wir unmittelbar miteinander zu tun haben, treten wir in eine tiefere Intimität miteinander ein. Es ist ein Trugschluß, anzunehmen, wir kämen einander nur näher, wenn wir zusammen reden, spielen oder arbeiten. Sicher erwächst viel aus solch zwischenmenschlichem Tun, doch dieses Tun ist Frucht der Einsamkeit, denn im Alleinsein vertieft sich unsere Intimität miteinander. Im Alleinsein erfahren wir einander in einer Weise, die körperliche Nähe erschwert, wenn nicht unmöglich macht. Wir entdekken da eine gegenseitige Bindung, die nicht von Worten, Gesten oder Handlungen abhängt, eine Bindung, die viel tiefer geht, als wir allein erreichen könnten.

Wenn wir unser gemeinsames Leben auf physischer Nähe aufbauen, auf unserer Fähigkeit, Zeit miteinander zu verbringen, miteinander zu sprechen, zu essen, zu beten, wird das Gemeinschaftsleben schnell abhängig von Stimmungen, persönlicher Sympathie, wie auch von gegenseitiger Verträglichkeit und von daher fordernd und ermüdend. Einsamkeit ist für ein Gemeinschaftsleben wesentlich, weil wir dabei entdecken, daß vor allem Verlangen nach Gemeinschaft schon Einmütigkeit vorhanden war. Im Alleinsein werden wir gewahr, daß wir schon beieinander waren, ehe wir zueinander kamen, und daß Gemeinschaftsleben nicht unserem Willen entspringt, sondern gehorsame Antwort auf die Wirklichkeit unseres Einsseins ist. Wann immer wir in die Einsamkeit eintreten, legen wir Zeugnis ab für eine Liebe, die unsere zwischenmenschlichen Beziehungen übersteigt und kundtut, daß wir einander lieben, weil wir zuerst selbst geliebt wurden (vgl. 1 Joh 4,19). Einsamkeit hält uns in Verbindung mit der tragenden Liebe, aus der eine Gemeinschaft ihre Kraft erhält. Sie befreit uns von den Zwängen der Angst und der Furcht und erlaubt uns, mitten in einer angsterfüllten und gewalttätigen Welt zu leben als Zeichen der Hoffnung und Quelle des Mutes. Kurz gesagt, Einsamkeit schafft jene freie Gemeinschaft, die Beobachter sagen läßt: „Seht, wie sie einander lieben."

Eine keusche Liebe

Betrachtet man die Einsamkeit als den fruchtbaren Boden einer Gemeinschaft, so hat das ganz praktische Folgen. Schweigen, Einzelstudium, persönliches Gebet und Meditation sind dann für alle Mitglieder der Gemeinschaft genau so wichtig wie gemeinsames Tun, gemeinsames Arbeiten, gemeinsames Spielen und gemeinsamer Gottesdienst.

Ich bin zutiefst davon überzeugt, daß Freundlichkeit, Zärtlichkeit, Friedfertigkeit und die innere Freiheit, aufeinander zuzugehen oder sich zurückzuziehen in der Einsamkeit ihre Wurzeln haben. Ohne diese Möglichkeit des Alleinseins beginnen wir, uns aneinander zu klammern; besorgt zu fragen, was wir voneinander denken und fühlen; wir werden sehr schnell mißtrauisch oder gereizt und beginnen, oft unbewußt und überaus empfindlich, einander zu sezieren. Ohne Alleinsein werden banale Konflikte leicht hochgesteigert und verursachen schmerzliche Wunden. Es wird zur lästigen Pflicht, „die Dinge auszudiskutieren", und das tägliche Leben wird so gehemmt, daß es auf längere Sicht praktisch unmöglich wird. Ohne Alleinsein werden wir ständig unter der gleichen quälenden Frage leiden: „Liebt er mich mehr als sie mich liebt? Ist unsere Liebe heute weniger groß als gestern?" Solche Fragen führen leicht zu Differenzen, Spannungen, Ängsten und gegenseitiger Reizbarkeit. Ohne die Möglichkeit des Alleinseins werden Gemeinschaften schnell zu Cliquen.

In der Einsamkeit jedoch lernen wir, uns auf Gott zu verlassen, der uns in Liebe zusammenrief, in dem wir ruhen und durch den wir einander lieben und vertrauen können, selbst wenn die Möglichkeit, uns einander zu offenbaren, beschränkt ist. Im Alleinsein werden wir vor den schädlichen Folgen gegenseitigen Mißtrauens geschützt und unser Reden und Tun kann zum frohen Ausdruck eines bereits bestehenden Vertrauens werden und nicht der spitzfindige Versuch, die eigene Vertrauenswürdigkeit bescheinigt zu bekommen. Im Alleinsein können wir einander als unterschiedliche Ausdrucksformen einer Liebe erfahren, die uns alle übersteigt.

Das erklärt, warum Einsamkeit auch unsere sexuellen Bedürfnisse betrifft. Alleinsein verhindert, unsere Sexualität als einen Weg heranzuziehen, um zu beweisen, daß wir zu lieben vermögen, und dies befreit sie von ihrer Zwangshaftigkeit. Es erlaubt uns, unsere sexuellen Gefühle als einen Ausdruck von Gottes bedingungsloser Liebe zu erfahren. Alleinsein ermöglicht eine freie Antwort auf unsere sexuelle Identität, und sexuelle Enthaltsamkeit kann tatsächlich eine echte Option für Männer und Frauen werden, die sich dem religiösen Leben verschrieben haben.

Dann wird Einsamkeit zum Wurzelboden der Keuschheit, die offensichtlich weit mehr bedeutet als sexuelle Enthaltsamkeit. Sie führt behutsam hin zu allen Formen von Intimität und zu der vertrauten Erkenntnis von Gottes wirkender Liebe zu uns. Sie setzt uns frei, fruchtbare Beziehungen in unserer Welt zu entwickeln, ohne uns von ihren vielen Pflichten und Zwängen gefangennehmen zu lassen.

Keuschheit macht Intimität möglich, indem sie sie von ihren weltlichen Zwängen befreit.

Einsamkeit ist somit wesentlich für ein Gemeinschaftsleben, weil es uns aus den Fängen von Furcht und Ängsten befreit und ein Gespür für Intimität bietet, das die Nöte unserer modernen Welt übersteigt. Es stellt eine Hoffnung dar, indem sie Menschen voller Erstaunen sagen läßt: „Seht, wie sie einander lieben."

Einsamkeit und priesterlicher Dienst

Die Individualisierung priesterlichen Dienstes

Nachdem deutlich wurde, wie in unserer angstgeplagten Welt Einsamkeit tatsächlich das gemeinschaftliche Zeugnis der Liebe vertiefen kann, wollen wir nun klären, wie Einsamkeit auch das gemeinschaftliche Zeugnis des Dienens stärkt. Es liegt auf der Hand, daß Menschen in Notsituationen ihre weitergesteckten Ziele aufgeben und sich auf die vordringlichsten Probleme konzentrieren. Wenn eine Stadt bombardiert wird, stoppen die Ärzte die Erforschung komplizierter medizinischer Probleme und leisten den Verwundeten erste Hilfe. Bemächtigt sich einer Gesellschaft das Gefühl einer akuten Notlage, können sehr leicht kurzfristige Lösungen für eine behelfsmäßige Versorgung und erste Hilfe die Notwendigkeit gründlich geprüfter Langzeitpläne in den Hintergrund drängen.

Allmächtiger Gott,
der du Himmel und Erde
gemacht hast
und den Menschen soviel
Gutes gegeben,
gib mir in deiner Gnade
rechten Glauben und
guten Willen,
Weisheit, Klugheit und Kraft,
den Teufeln zu widerstehen
und das Böse zu meiden
und deinen Willen zu
vollbringen.

Aus dem Wessobrunner Gebet (9. Jhdt.)

Ich frage mich, ob vieles vom priesterlichen Dienst einer Ordensgemeinschaft nicht von diesem Gefühl der Ausnahmesituation zutiefst beeinflußt worden ist. Formen priesterlichen Wirkens, die seit Jahrzehnten in vielen Gemeinschaften üblich waren, haben plötzlich ihre Anziehungskraft auf manche ihre Mitglieder verloren. Schulische Lehrtätigkeiten, Arbeit in Krankenhäusern und viele andere traditionelle Formen priesterlichen Dienstes scheinen den dringenden Nöten dieser Zeit nicht mehr zu entsprechen, und viele Ordensgemeinschaften befinden sich in einem Prozeß der Neubesinnung auf ihre eigentlichen Aufgaben und der Neuorientierung. Bei dieser Suche nach einer neuen Bedeutung fällt es geistlichen Gemeinschaften zunehmend schwer, ihren Dienst als einen gemeinschaftlichen Dienst darzustellen. Die Frage: „Welche besondere Berufung hat Ihre Gemeinschaft?" ist oft schwierig zu beantworten. Meistens ist die Antwort: „Einige von uns arbeiten in Krankenhäusern, einige sind Lehrer, einige arbeiten in einer Gemeinde, ein paar haben individuelle Apostolate, und gemeinsam versuchen wir, uns in unseren unterschiedlichen Berufungen zu stützen."

Der große Gewinn ist offensichtlich die breite Palette geistlicher Dienste, die zur Verfügung steht: Gefangenenseelsorge, Betreuung von Drogenabhängigen, Seelsorge auf Isolierstationen, bei Homosexuellen, als Gemeindepfarrer, in Fabriken, in Psychiatrischen Anstalten; daneben gibt es auch Priester, die sich auf Musik, Kunst oder die Medien konzentriert haben. Die Ent-Institutionalisierung des religiösen

Lebens eröffnete ein großes Feld seelsorglicher Betätigungsmöglichkeiten, die vor nicht allzu langer Zeit für viele Männer und Frauen in Ordensgemeinschaften praktisch tabu waren. Doch zugleich ist ein Verlust zu beklagen, nämlich der des Gemeinschaftscharakters christlichen Dienstes. Unser priesterlicher Dienst ist oft so sehr individualisiert worden, daß es schwierig ist, ihn überzeugend als Gemeinschaftsaufgabe sichtbar zu machen. Die Betonung der besonderen Fähigkeiten des einzelnen macht es oft schwer, von einem Dienstamt der Gemeinschaft zu sprechen. Vielfach ist nur die Rede von den Diensten ihrer Mitglieder.

Ich frage mich, ob wir nicht durch diese Individualisierung unseres Dienstes die Möglichkeit verloren haben, gemeinsam Zeuge zu sein. Religiöse Gemeinschaften müssen nicht nur Einzelnen und ihren konkreten Nöten dienen, sondern auch Zeichen des Mutes und Vertrauens für die größere Gesellschaft sein. Besonders in einer von Zwängen und Ängsten so zerrissenen Welt genügt es nicht, den vielen verwundeten Individuen geistlichen Beistand zu leisten, sondern es ist genauso dringlich, den vielen Hoffnung zu geben, die uns nicht direkt angehen, die aber unseren gemeinschaftlichen Dienst sehen und sagen: „Seht, wie sie ihrem Nächsten dienen." Die große Kraft einer gemeinsamen Berufung besteht darin, daß sie durch ihre besondere Sichtbarkeit als eine gemeinschaftliche Berufung viel mehr Menschen erreichen, heilen und inspirieren kann, als die, die von ihr direkt angesprochen werden.

Mich persönlich hat das Zeugnis der Gemeinschaft von Taizé überaus gestärkt, obwohl ich nie dort war. In der Arbeit Jean Vaniers (dem Gründer der Behindertengemeinschaft der „Arche"), den ich nicht persönlich kenne, habe ich Hoffnung gefunden. Es hat mich getröstet, nur von Arbeit und Leben der „Kleinen Brüder und Schwestern" zu erfahren, den Missionarinnen der Nächstenliebe und der St. Ägidius-Gemeinde. Diese Gemeinschaften haben bewirkt, daß ich nicht in den Chor der Pessimisten eingestimmt habe.

Gerade der gemeinsame Dienst ist entscheidend in unserer Zeit und sollte uns sehr am Herzen liegen.

Eine gemeinsame Berufung

Was hat das alles mit Einsamkeit und Alleinsein zu tun? In der Einsamkeit finden religiöse Gemeinschaften ihre gemeinsame Identität. Hier können wir als Mitglieder einer geistlichen Gemeinschaft auf Gottes Ruf hören und unsere gemeinsame Berufung erkennen.

Warum ist das so? Ist das Alleinsein nicht gerade der Ort, an dem wir mit Gott und nur mit ihm allein sind und wo wir unsere ganz individuelle Berufung verstehen lernen? Durchaus, aber nicht im Kontrast zu einer gemeinsamen Berufung. Weil wir in der Einsamkeit erkennen, wie wir unsere ganz persönlichen Talente in den Dienst einer gemeinsamen Aufgabe stellen können. Es ist sehr naiv, anzunehmen, unsere persönlichen Fähigkeiten könnten direkt in eine Berufung umgesetzt werden. Zu sagen: „Ich kann gut schreiben, also will Gott, daß ich Schriftsteller werde; ich kann gut unterrichten, also will Gott, daß ich Lehrer werde; ich kann gut Klavier spielen, also will Gott, daß ich Pianist werde", läßt außer acht, daß unser Selbstverständnis nicht unbedingt die Sicht Gottes ist.

Es gab eine Zeit, in der die einseitige Beurteilung von Demut zur Ablehnung und Verleugnung individueller Begabungen führte. Diese Zeit ist hoffentlich vorbei. Aber der Gedanke, persönliche Begabungen seien der Ausdruck göttlichen Willens, offenbart doch eine sehr einseitige Auffassung von Berufung und verschweigt die Tatsache, daß unsere Talente ebenso ein Weg zu Gott wie Gott *im Wege* sein können.

In der Einsamkeit gewinnen wir Abstand von den vielen Meinungen und Ideen unserer Mitmenschen und werden offen für Gott. Dort können wir ihm aufmerksam zuhören und zwischen unseren Wünschen und unserer Aufgabe unterscheiden, unserem Verlangen und unserer Berufung, der Sehnsucht unseres Herzens und dem Ruf Gottes. Ich meine, daß wir in Gemeinschaften, in denen Alleinsein nicht ein Bestandteil des täglichen Lebens ist, schnell taub werden gegenüber Gottes Forderungen und uns nur noch damit befassen, „die eigene Sache" zu betreiben, ohne viel Gedanken auf unsere gemeinsame Aufgabe zu verschwenden. Dann werden diese Gemeinschaften nicht viel mehr als Gruppen für gegenseitige Hilfeleistung, in denen das Wissen um eine gemeinsame Aufgabe in den Hintergrund unseres Bewußtseins gerückt ist.

Einsamkeit ist der Ort, an dem unsere gemeinsame Berufung sichtbar wird. Wir sollten nie vergessen, daß Gott uns als ein Volk ruft und unsere individuellen geistlichen Berufungen immer als Teil der größeren Berufung der Gemeinschaft angesehen werden sollten. Wir können nicht die Gemeinschaft als Mittel einsetzen, unsere individuellen religiösen Bestrebungen auszuformen oder zu entwickeln. So lange wir die Gemeinschaft als Rückhalt betrachten für die Verwirklichung unserer individuellen Ideale, sind wir mehr Kinder unserer Zeit als Kinder Gottes. Unsere eigene Berufung kann nur als ein Teil der Berufung der Gemeinschaft, zu der wir gehören, angesehen werden.

Einsamkeit ist genau die Basis, auf der diese gemeinsame Berufung erkannt werden kann. Dort können wir unsere Bedürfnisse nach Selbstbestätigung, Selbstverwirklichung und Selbsterfüllung aufgeben und dafür erfahren, wie der Ruf Gottes uns durch die Brüder und Schwestern erreicht, mit denen wir zusammenleben. Die tiefe Liebe unserer Gemeinschaft wird uns dann ständig weiter zu der Erkenntnis führen, wie unser Dienst Ausdruck des Dienstes werden kann, zu dem wir gemeinsam berufen wurden.

Die gehorsame Gemeinschaft

Dieses Verständnis von Einsamkeit als dem Ort, an dem unsere gemeinsame geistliche Aufgabe erkannt werden kann, hat einige sehr konkrete Folgen. Es schließt ein, daß Gehorsam, verstanden als Hinhorchen auf Gottes Ruf, eine Hauptaufgabe der Gemeinschaft als Ganzes ist und nicht auf das Verhältnis einzelner Mitglieder zu ihrem Oberen eingeschränkt werden kann. Gehorsam gegenüber dem Oberen kann nur als wahres Hören auf Gott erfahren werden, wenn es als ein integrierender Teil des Hörens der ganzen Gemeinschaft erfahren wird. Dieser gemeinsame Gehorsam ist zweifellos kein einfacher Akt. Er ist eher eine Lebensform, die den Mitgliedern einer Gemeinschaft immer wieder den Weg zum Alleinsein öffnet, um aufgeschlossener zu werden für die Art und Weise, in der Gott uns hier und heute ruft.

Daher ist es eine traurige Entwicklung, wenn Exerzitien, Einkehrtage oder Zeiten der Meditation nur der Initiative einzelner überlassen werden. Es ist ein Zeichen wirklicher Reife, wenn die Mitglieder einer Gemeinschaft den echten Wunsch haben, gemeinsam in die Einsamkeit einzutreten und regelmäßig miteinander die Frucht ihrer Gebete, Meditationen und Bemühungen teilen. Für sich selbst allein mit Gott zu sein, ist eine ganze andere Erfahrung als allein mit Gott zu sein als Teil des gemeinsamen Lebens. Ich bin überzeugt, daß eine große Erneuerung dort einsetzen wird, wo Gemeinschaften regelmäßig die Einsamkeit suchen, um zusammen zu entdecken, wohin Gott sie ruft. Keine wichtige Entscheidung, keine bedeutsame Richtungsänderung sollte vollzogen werden, ohne daß vorher alle Mitglieder in irgendeiner Weise sich einer Zeit des schweigenden Hörens hingeben.

Ich möchte auch auf die Bedeutung des Schweigens gemäß der Regel im Leben einer Gemeinschaft hinweisen. Schweigen als bloßes Befolgen der Regel kann ganz und gar nutzlos sein. Aber Schweigen als Weg des gemeinsamen Hinhörens auf Gottes Gegenwart in unserer Mitte und des Sich-Öffnens seiner Führung ist ein unentbehrliches Element eines gesunden Gemeinschaftslebens. In den letzten Jahren ist die Bedeutung des gesprochenen Wortes bei Konferenzen, Arbeitstagungen und Symposien so hervorgehoben worden, daß es mir jetzt wichtig erscheint, deutlich zu machen, daß Worte nur Früchte tragen können, wenn sie in der Stille geboren werden. Besonders in Zeiten von Krisen, Konflikten und starker emotionaler Anspannung kann Stille nicht nur heilen, sondern auch neue Wege für unser gemeinsames Leben aufzeigen.

Einsamkeit ist also der Ort gemeinschaftlichen Gehorsams. Besonders in einer Zeit der Bedrängnis, in der von einer modernen Gemeinschaft die Fähigkeit gefordert wird, sich ständigem Wandel zu stellen, ist Einsamkeit unverzichtbar. Man kann praktisch die Gesundheit einer geistlichen Gemeinschaft danach beurteilen, wie sie das Alleinsein in ihrem Leben verwirklicht. Priesterlicher Dienst in einer Welt ständiger Veränderung muß tief in einer ruhigen, schweigenden Begegnung mit unserem treuen

Gott verwurzelt sein. Das erlaubt der Gemeinschaft, schnell und wirksam zu handeln, wenn Tag oder Stunde es verlangen, ohne dabei das Gefühl einer Störung oder Zerrissenheit zu empfinden. Dadurch können auch die unterschiedlichsten konkreten Aufgaben als verschiedene Ausdrucksformen eines gemeinsamen Dienstes gesehen und erfahren werden. In der Einsamkeit wird ihre innere Zusammengehörigkeit erkannt, gestärkt und genährt.

Wenn wir als Gemeinschaften in wirklich tiefer Berührung mit Gott sind, der uns zu einer Aufgabe in dieser Welt berufen hat, dann wird es möglich, in einer bedrängten Welt zu leben und schöpferisch den konkreten Anforderungen des Tages zu entsprechen, ohne sich in Panik zu überstürzten Handlungen hinreißen zu lassen. Dann vermeiden wir, daß die Schwierigkeiten uns zu „Selbstschutz"-Reaktionen verleiten, die uns wieder auf uns selbst zurückwerfen. Wir können dann einen Dienst der Hoffnung leisten, der die Menschen staunend sagen läßt: „Seht, wie sie ihrem Nächsten dienen."

Einsamkeit und Gebet

Religiöse Säkularisierung

Ebenso wie Alleinsein unsere gegenseitige Liebe und unseren gemeinsamen Dienst berührt, beeinflußt sie auch grundlegend unser Verhältnis zu Gott. Das Zeugnis einer christlichen Gemeinschaft läßt nicht nur die Menschen sagen: „Seht, wie sie einander lieben" und „Seht wie sie ihrem Nächsten dienen", sondern auch: „Seht, wie sie zu ihrem Gott beten."

Es ist sehr vereinfacht, wenn man behauptet, daß Notzeiten die Menschen mehr für Gott öffnen und religiöse Gefühle wieder wecken. Man könnte sich durchaus fragen, ob nicht vielfach das Gegenteil eintritt. Furcht und Angst führen nicht zu Gott. Die großen Bedrängnisse unserer Zeit haben viel Bitterkeit, Groll und Haß hervorgebracht. Viele Menschen haben sich von Gott und vom Gebet abgewandt, weil sie nicht mehr einzusehen vermögen, wie sie zu einem Gott beten können, der soviel Grausamkeit, Todesangst und Schmerzen zuläßt.

Geistliche Gemeinschaften sind dagegen gewiß nicht immun geblieben. Ich kann mich des Gefühls nicht erwehren, daß wir als religiöse Menschen eine sehr ambivalente Beziehung zu Gott haben.

Unser Verhältnis zu Gott kommt einer Art Haß-Liebe-Beziehung sehr nahe. Sicher fragen wir uns oft: „Können wir Gott wirklich vertrauen, liebt er uns wirklich, sorgt er sich tatsächlich um uns?" Obwohl wir solche Fragen wohl selten in Worte kleiden, verrät uns doch unser Verhalten. Wir sagen zu Freunden: „Ich werde für dich beten", aber selten sehen wir darin eine ernsthafte Verpflichtung. Wir hören Vorträge über die Bedeutung des Gebetes, sind aber im Grunde der Ansicht, daß die Menschen Taten und nicht Gebete brauchen und Beten sicher nützlich ist, wenn wirklich nichts anderes zu tun übrigbleibt.

Ich frage mich, ob wir unter der Oberfläche unserer Frömmigkeit nicht große Zweifel an Gottes Wirksamkeit in unserer Welt haben, an seinem Interesse an uns – ja sogar an seiner Gegenwart unter uns. Ich frage mich, ob nicht viele geplagt werden von ausgesprochen feindseligen Gefühlen gegenüber Gott und der Idee Gottes, ohne sich darüber äußern zu können. Ich frage mich sogar, ob es viele gläubige Menschen gibt, für die Gott und nur er allein, zählt.

Wenn wir von unserer Zeit von einer Epoche der Säkularisierung sprechen, müssen wir zunächst bereit sein, zuzugeben, wie tief diese Säkularisierung unsere Herzen erfaßt hat, und wie tief Zweifel, Unentschlossenheit, Mißtrauen, Groll und sogar Haß unsere Beziehung zu Gott untergraben.

In vielen geistlichen Gemeinschaften hat das Gebet seinen zentralen Platz verloren, nicht nur wegen der sich ändernden Voraussetzungen in unserem eigenen Milieu, sondern auch weil Gott selbst ein sehr zweifelhafter Partner geworden ist, jemand, mit dem man gut Freund bleiben muß, um keine Probleme zu bekommen, aber dessen Gegenwart man nicht gerade genießt. Obwohl solche Gefühle und Erfahrungen bei den meisten gläubigen Menschen noch zögernd auf der Schwelle ihres Bewußtseins verharren, kommt es bei einigen doch so weit, daß sie sich für Feiglinge halten, die nicht den Mut haben, Gott den Laufpaß zu geben und ihr eigenes Leben zu leben. Dieses Gefühl der Feigheit führt zu dem Eindruck, von Gott in einem Netz aus Furcht und Abhängigkeit gefangen zu sein und weckt oft selbstzerstörerische Aggressionen.

In vielen unserer geistlichen Gemeinschaften ist Gott heute wenig mehr als der silberne Rahmen unserer eigenen Bilder. Schöne Liturgien, gelehrte Vorträge und gelegentliche Exerzitien gelten in unserem Zusammenleben als sehr anregend, aber irgendwie – oft sehr tief im Innern – wissen wir, daß es ohne sie nicht viel anders wäre. So ist es nicht erstaunlich, daß es vielen ziemlich leicht fiel, aus dem religiösen Leben auszusteigen, oft mit dem Gefühl, sowohl emotionale wie physische Ketten abgeschüttelt zu haben und nun in der Lage zu sein, vieles besser zu schaffen, was sie zuvor auch nicht schlecht gemacht hatten.

Das soll keine Anklage sein. Im Gegenteil. Die religiöse Säkularisierung, die ich beschrieben habe, ist so tief in unser Dasein eingedrungen, daß bloße Anklagen nicht angebracht sind. Aber es sollte nachdenklich machen, weil nicht nur offenbar wird, wie sehr wir als Glaubende Teil unserer von Ängsten geplagten Welt geworden sind, sondern auch erklärt, warum es für unsere heutigen geistlichen Gemeinschaften schwierig geworden ist, unmißverständlich Zeugnis abzulegen für den lebendigen Gott.

Die große Begegnung

Im Zusammenhang mit dem erwähnten religiösen Säkularismus erhält die Einsamkeit ihre tiefste Bedeutung, weil sie der Ort ist, an dem Gott sich als der Gott-mit-uns offenbart, als der Gott, der unser Schöpfer, Erlöser und Heiliger ist, als der Gott, der

Quelle, Mittelpunkt und Zweck unseres Lebens ist, als der Gott, der sich uns mit bedingunsloser, unbegrenzter und rückhaltloser Liebe geben will und als der Gott, der von uns mit ganzem Herzen, ganzer Seele und ganzem Gemüt geliebt werden will. Einsamkeit ist tatsächlich der Ort der großen Begegnung, die allen anderen Begegnungen ihre Bedeutung verleiht. In der Einsamkeit begegnen wir Gott, lassen wir unsere vielen Aktivitäten, Sorgen, Pläne und Vorhaben, Meinungen und Überzeugungen zurück und treten ein in seine liebende Gegenwart, nackt, verwundbar, offen und empfänglich. Und wir erkennen, daß er allein Gott ist, daß er allein Liebe ist, allein Fürsorge und Vergebung. In der Einsamkeit können wir Gott wirklich unseren Vater nennen, den liebenden Vater aller Menschen.

Ich will damit nicht unterstellen, es gäbe eine einfache Lösung für unser mehrdeutiges Verhältnis zu Gott. Einsamkeit ist keine Lösung, sie ist eine Richtung. Sie ist uns gewiesen vom Propheten Elija, der Jahwe nicht im brausenden Wind, im Erdbeben oder Feuer fand, sondern in der sanften flüsternden Stimme; in die gleiche Richtung weist Jesus, der die Einsamkeit als den Ort wählte, an dem er mit seinem Vater sein konnte. Jedesmal wenn wir in die Stille eintreten, ziehen wir uns aus unserem stürmischen, hektischen und turbulenten Leben zurück und öffnen uns für die große Begegnung. Als erstes entdekken wir oft in der Einsamkeit unsere eigene Ruhelosigkeit, Getriebenheit und unsere Zwänge, unser Gedrängtsein, schnell zu handeln, Eindruck zu machen, Einfluß zu haben; und oft fällt es uns sehr schwer, der Versuchung zu widerstehen, so schnell wie möglich in die Welt von „Belang" zurückzukehren. Doch wenn wir uns einer sanften Disziplin unterwerfen und ausharren, vernehmen wir mit einem Mal die sanfte, flüsternde Stimme, spüren wir die linde Brise und erkennen den Herrn unseres Herzens, unserer Seele und unseres Gemütes, den Herrn, der uns sehen lehrt, wer wir wirklich sind.

Damit rühren wir an das größte Geschenk der Einsamkeit. Es ist das Geschenk eines neuen Selbst, einer neuen Identität. In der Stille werden wir hingeführt zu einer neuen Vertrautheit miteinander und zur Erkenntnis unserer gemeinsamen Aufgabe, eben weil wir in der Einsamkeit unsere wahre Natur, unser wahres Selbst, unsere wahre Identität finden. Dieses Wissen, wer wir wirklich sind, erlaubt uns, in Gemeinschaft zu leben und zu arbeiten. So lange unser Leben und die gemeinsame Arbeit auf einem falschen oder verzerrten Selbstverständnis beruhen, müssen wir zwangsläufig in zwischenmenschliche Konflikte verwickelt werden und die richtige Perspektive auf unsere gemeinsame Aufgabe verlieren.

Das läßt uns einen anderen Blick auf unsere Furcht und unsere Angst werfen. Da es die „natürlichsten" und „naheliegendsten" Reaktionen auf eine Notlage sind, müssen wir sie als Äußerungen unseres falschen Selbsts entlarven. Wenn wir vor Furcht und Angst zittern, haben wir unsere Seele an die Welt oder an einen falschen Gott verkauft. Furcht und Angst nehmen uns die Freiheit und machen uns zu Opfern der uns umgebenden Mächte. Furcht und Angst verraten, wie stark unser Wertgefühl von unserem Erfolg in der Welt, von der Meinung anderer abhängt und wie sehr wir zu dem geworden sind, was wir tun oder was andere von uns halten.

In der Einsamkeit jedoch können Furcht und Angst allmählich als Äußerungen eines falschen Selbsts entlarvt werden; im Eingebettetsein in Gottes Liebe verlieren sie ihre Macht. Das meint der heilige Johannes, wenn er sagt: „Furcht gibt es in der Liebe nicht, sondern die vollkommene Liebe vertreibt die Furcht" (1 Joh 4,18). In der Stille kommen wir der Wahrheit näher, daß wir der sind, der wir in der Absicht Gottes sein sollten. Daher ist das Alleinsein und die Einsamkeit ein Ort der Wandlung. Wir werden dort aus Menschen, die einander zeigen wollen, was sie haben und was sie fertigbringen, zu Menschen, die ihre geöffneten und leeren Hände Gott entgegenhalten in der Erkenntnis, daß alles, was wir sind, ein freiwilliges Geschenk Gottes ist.

So begegnen wir im Alleinsein nicht nur Gott, sondern auch unserem wahren Selbst. Gerade im Licht der Gegenwart Gottes können wir erkennen, wer wir wirklich sind. In dem Maße, in dem wir Gott erkennen und durch ihn uns selbst, kommen wir nicht als eine Gruppe von Einzelpersonen zusammen, die sich aus Furcht zusammendrängen oder die gemeinsame Angst zueinander treibt, sondern als eine Gemeinschaft von Menschen, die mitten in dieser Welt die Gegenwart Gottes frei bezeugen.

Leer vor Gott

Wenn wir Einsamkeit als den Ort der großen Begegnung begreifen, als den Ort, an dem wir Gott als den liebenden Vater erkennen und wir uns selbst als Menschen, die ohne Furcht und Angst auf seine Liebe antworten können, dann wissen wir, daß Einsamkeit auch der Ort des Gebetes ist. Das Gebet ist der Atem einer christlichen Gemeinschaft. Mit einer falschen Vorstellung von Gott und einem verfehlten Selbstverständnis ist Beten nicht möglich und gemeinschaftliches Leben erstickt allmählich.

So möchte ich, in einem letzten Schritt, auf die Bedeutung des fürbittenden Gebetes eingehen. Wenn es zutrifft, daß Alleinsein uns unsere Furcht und Angst nimmt und uns leer für Gott macht, dann ist es auch richtig, daß sich gerade in der Einsamkeit ein weiter Raum auftut, in dem wir alle Menschen willkommen heißen können. Zwischen Armut und fürbittendem Gebet besteht eine enge Verbindung. Wenn wir alles Trennende aufgeben – nicht nur Besitz, sondern auch Meinungen, Vorurteile, Wertungen und intellektuelle Voreingenommenheiten –, dann können wir Freunden wie Feinden gestatten, mit uns in unsere Einsamkeit einzutreten und sich inmitten der großen Begegnung zu Gott zu erheben. In wirklicher Einsamkeit ist unbegrenzter Platz für andere, weil wir dort leer sind und erkennen, daß tatsächlich niemand über uns oder gegen uns steht. Ein Feind ist nur so lange ein Feind, als wir etwas zu verteidigen haben. Wenn wir jedoch nichts haben, an das wir uns klammern, das wir schützen wollen, nichts, das wir als unser ausschließliches Eigentum betrachten, kann niemand Feind sein, und wir können im Zentrum unserer Einsamkeit alle Männer und Frauen als unsere Brüder und Schwestern erkennen. Hier stehen wir so nackt und verwundbar vor Gott und werden uns unserer völligen Abhängigkeit von seiner Liebe so bewußt, daß nicht nur unsere Freunde, sondern auch diejenigen, die töten, lügen, foltern, vergewaltigen und Krieg führen, Teil unseres Fleisches und Blutes werden können. In der Einsamkeit sind wir so ganz und gar arm, daß wir uns mit allen menschlichen Wesen solidarisch fühlen und unser Herz zum Ort der Begegnung nicht nur mit Gott werden lassen, sondern durch Gott auch mit allen Menschen. Von daher ist das fürbittende Gebet ein Gebet des eigenen Leerwerdens, weil es von uns verlangt, alles aufzugeben, was uns von anderen trennt, so daß wir zu dem werden können, für den wir beten und ihn Gott in uns anrühren lassen.

So erkennen wir, wie die geistliche Gemeinschaft durch das Gebet und besonders durch das fürbittende Gebet offen wird für die ganze Welt. Durch ihr Gebet bilden die Mitglieder einer geistlichen Gemeinschaft einen Kreis, so offen und zugänglich wie der Petersplatz, wo für jedermann Raum ist. Oft wird uns schmerzlich bewußt, wie wenig wir tun können, um den Menschen auf dieser Welt in ihren großen Nöten zu helfen. Aber vielleicht wären wir weniger pessimistisch, wenn wir unser begrenztes Tun als Ergebnis unbegrenzten Gebetes erleben könnten. Wir verlören Mut und Vertrauen, wenn wir unseren Wert nach der Anzahl derjenigen bemessen, die von unserem Tun beeinflußt werden, doch wenn wir uns der unzähligen Menschen bewußt bleiben, die wir in unsere Gebete einschließen können, können wir froh und dankbar leben.

Das Gebet der geistlichen Gemeinschaft ist das Herzstück ihres Zeugnisses und daher ein Zeichen der Hoffnung, wenn Menschen nicht nur sagen: „Seht, wie sie einander lieben" und „Seht, wie sie ihrem Nächsten dienen", sondern auch „Seht, wie sie zu ihrem Gott beten."

Schluß

In unseren Betrachtungen über das Verhältnis zwischen Einsamkeit und Leben in der Gemeinschaft wurde zunächst deutlich, wie tief die Bedrängnisse unserer Welt das Leben geistlicher Gemeinschaften beeinflußt haben. Unsere zwischenmenschlichen Beziehungen wurden durch Furcht und Ängste belastet, unsere gemeinsamen Aufgaben gefährdet, weil sie zerstückelt und individualisiert wurden; und unser Gebet hat oft seinen zentralen Platz in unserem gemeinsamen Alltagsleben verloren.

Danach betrachteten wir das Alleinsein nicht als einfache Lösung für diese Probleme, sondern als einen Ort, der eine Antwort auf die Bedrängnisse unserer Zeit ermöglichen kann. Wir haben Alleinsein und Stille als Ort beschrieben, an dem Vertrautheit zwischen Menschen heranreifen kann, als Ort, an dem wir unsere gemeinsame Berufung entdecken oder wiederentdecken können sowie als den Ort, an dem unsere große Begegnung mit Gott stattfinden kann. Wir haben also versucht, Einsamkeit und Stille als das Fundament unseres Gemeinschaftslebens darzustellen.

Schließlich sollte deutlich geworden sein, daß es sich lohnt, die Rolle der Einsamkeit für das Zusammenleben in der Gemeinschaft zu erforschen, weil sich von hier aus eine neue Perspektive der heutigen Bedeutung von Enthaltsamkeit, Gehorsam und Armut gewinnen läßt. Sie läßt uns Gottes Liebe als Quelle aller menschlichen Liebe erfahren und hilft uns erkennen, daß Keuschheit uns Führung in den Beziehungen miteinander sein kann. Alleinsein macht uns gehörsam gegenüber dem Ruf Gottes zu einem gemeinschaftlichen Leben; es fordert uns auf, arm zu werden und so einen Freiraum zu schaffen, der alle leidenden Menschen der Welt aufnehmen und in immerwährendem Gebet emporheben kann. Alleinsein ist somit das Fundament, auf dem Enthaltsamkeit, Gehorsam und Armut gedeihen und einer Gemeinschaft reiche Frucht bringen können.

Ich hoffe, überzeugend dargelegt zu haben, daß Einsamkeit und Stille im Leben einer geistlichen Gemeinschaft unverzichtbar sind. Da wir uns dem Ende unseres Jahrtausends nähern, sollten wir uns dem Alleinsein und der Stille noch mehr verpflichten, so daß wir trotz des apokalyptischen Geschehens um uns Gottes Treue sichtbaren Ausdruck geben und viele Menschen hoffnungsvoll sagen können: „Seht, wie sie einander lieben; seht, wie sie ihrem Nächsten dienen; seht, wie sie zu ihrem Gott beten."

II

Der Zölibat und das Heilige

Einführung

Läßt man den Blick über die Stadt Rom schweifen, spaziert durch ihre Straßen oder fährt mit dem Bus, so merkt man sehr schnell, wie übervoll diese Stadt ist von Menschen, Häusern, Autos und ja, auch von Katzen. Männer und Frauen streben geschäftig in alle Richtungen, man hört fröhliche und ärgerliche Stimmen, dazwischen der geradezu chaotische Straßenverkehr mit seinem ohrenbetäubenden Lärm; vielerlei Gerüche von Tomatensoße oder Cappuccino steigen in die Nase, und die italienische Umarmung kann um einen Freund reicher oder eine Geldbörse ärmer machen. Es ist eine betriebsame, verstopfte Stadt, überbordend von lärmender Vitalität.

Aber mitten in diesem lebendigen und bunten Durcheinander von Häusern, Menschen und Autos weisen die Kuppeln von Rom den Weg zu den Orten, die dem Heiligen vorbehalten sind. Die Kirchen von Rom sind wie schöne Rahmen um leere Räume und lenken die Aufmerksamkeit auf ihn, den ruhigen, stillen Mittelpunkt allen menschlichen Lebens. Die Kirchen sind nicht nützlich, nicht praktisch, verlangen nicht nach unmittelbarer Aktion und erfordern keine schnelle Antwort. Sie sind Räume ohne laute Geräusche, ungezügelte Bewegungen oder ungeduldige Gesten. Sie sind stille Räume, die meiste Zeit seltsam leer. Sie sprechen eine andere Sprache als die Welt um sie herum. Sie möchten keine Museen sein. Sie möchten uns einladen, still zu sein, zu sitzen oder zu knien, aufmerksam zu hören und mit unserem ganzen Wesen auszuruhen.

Eine Stadt ohne sorgsam gehütete leere Räume, in denen die Stille, aus der alle Worte erwachsen, zu spüren ist, die Stille, die zu Taten ermuntert, eine solche Stadt ist in Gefahr, ihren wahren Mittelpunkt zu verlieren.

Ich frage mich, ob wir die geschäftige Stadt mit ihren vielen stillen Plätzen nicht als Bild dafür gebrauchen können, was Zölibat in unserer heutigen Gesellschaft bedeutet. Ist nicht der Betrieb auf der Straße Sinnbild für den Teil unseres Wesens, der mit anderen zusammen sein möchte, der agieren und produzieren will, und die Kirchenkuppel, die behutsam einen leeren Raum schützt, jener andere Teil, der beschirmt und sogar verteidigt werden will, damit unser Leben nicht seine Mitte verliert?

Unser inneres „sanctum", dieser innere heilige Ort, heiliger Mittelpunkt unseres Lebens, den nur Gott betreten darf, ist genau so wichtig für unser Dasein wie die Kirchenkuppeln für Rom. Über den Zölibat kann viel gesagt werden, doch möchte ich ihn hier nur unter einer Perspektive betrachten: als Zeugnis für den inneren heiligen Bereich in unserem eigenen Leben und im Leben anderer. Indem diesem inneren Heiligtum, diesem heiligen leeren Raum im Leben eines Menschen besondere Sichtbarkeit gegeben wird, möchte der in Ehelosigkeit lebende Mann oder die Frau bestätigen und dartun, daß menschliche Intimität ihre tiefste Bedeutung und Erfüllung findet, wenn sie als Teilhabe an der Intimität mit Gott selbst erfahren und gelebt wird.

Um die Bedeutung zölibatären Lebens als eines Zeugnisses näher zu untersuchen, möchte ich mich auf drei Gebiete konzentrieren: zunächst auf die Welt, in der der Zölibat gelebt wird; dann auf die Art des Zeugnisses, das der ehelos lebende Mensch dieser Welt gegenüber gibt; und schließlich auf den Lebensstil, der dieses Zeugnis unterstreicht und stärkt.

Die Welt

Die Grenzen des Zwischenmenschlichen

Die Welt, in der Ehelosigkeit ein Zeugnis sein will für die Bedeutung eines heiligen leeren Raumes, ist eine Welt, die auf zwischenmenschliche Beziehungen großen Nachdruck legt. Ohne zu übertreiben läßt sich sagen, daß in den letzten Jahrzehnten Begriffe wie Zusammenkommen, Zusammensein, Zusammenleben und Zusammenlieben im westlichen Kulturbereich einen höheren Stellenwert erhalten haben als je zuvor. Die heilende Kraft des Blickkontaktes, des aufmerksamen Zuhörens und der behutsamen Berührung ist von vielen Psychologen, Selbsterfahrungsgruppen und Kommunikationsexperten erforscht worden. Beinahe jedes Jahr hört man von einer neuen Therapie, einer neuen Form der Bewußtseinserweiterung oder einer neuen Kommunikationsmethode. Eine große Zahl von Menschen, die unter Gefühlen der Isolation, Entfremdung oder Einsamkeit leiden, haben in diesen

Experimenten des Zusammenseins neue Hoffnung und Stärkung gefunden. Allein die große Popularität und der wachsende Einfluß der Neubewertungstherapie muß einen verständnisvollen Beobachter überzeugen, daß hier einem tiefen Bedürfnis entsprochen wird.

Natürlich brauchen wir einander und können uns viel mehr geben, als wir oft merken. Zu lange waren wir belastet mit Furcht und Schuld, und zu lange haben wir einander die Zuneigung und Nähe verweigert, nach der wir zu Recht verlangen. Daher können wir viel von denen lernen, die versuchen, neue und fruchtbare zwischenmenschliche Beziehungen zu erschließen.

Aber dennoch müssen kritische Fragen gestellt werden. Kann wahre Intimität erreicht werden ohne eine tiefe Achtung vor jenem heiligen Raum in und zwischen uns, der unberührt von Menschenhänden bleiben sollte? Kann menschliche Intimität wirklich Erfüllung bringen, wenn auch der kleinste Raum in uns und zwischen uns ausgefüllt wird? Wird die heilende Wirkung menschlichen Beieinanderseins nicht oft überbetont, weil unser menschliches Dilemma zu einseitig betrachtet wird? Diese Fragen erhalten eine neue Dringlichkeit angesichts von Bewegungen, die die potentiellen Möglichkeiten der Menschen fördern wollen (Human-potential movements).

Ich frage mich oft, ob wir nicht unsere schmerzlichen Erfahrungen der Einsamkeit zu stark auf fehlende zwischenmenschliche Nähe zurückführen. Wir denken offenbar: „Wenn ich nur die Angst überwinden könnte, meine wahren Gefühle der Liebe oder Feindschaft auszudrücken, wenn ich nur so frei wäre, einen Freund in die Arme zu nehmen, wenn ich nur ehrlich und offen mit meinen eigenen Leuten sprechen könnte. Wenn ich nur mit jemand zusammenlebte, der sich wirklich meiner annimmt ... dann hätte ich wieder etwas inneren Frieden und das Gefühl innerer Ganzheit." Sind dann einige dieser Erfahrungen Wirklichkeit geworden, fühlen wir tatsächlich eine gewisse Erleichterung, aber die Frage bleibt, ob wirklich dort die Quelle für unsere Heilung und Gesundung gefunden werden kann.

In einer Welt, in der die traditionellen Muster menschlicher Kommunikation zusammengebrochen sind, in der Familie, Beruf oder heimatliches Dorf nicht mehr die engen Bande bieten wie in der Vergangenheit, ist uns der elementare menschliche Zustand der Einsamkeit gefühlsmäßig so bewußt geworden, daß wir ständig versucht sind, mehr von unseren Mitmenschen zu verlangen, als sie geben können. Wenden wir uns unseren Nächsten zu in der Annahme, sie könnten unsere tiefsten Bedürfnisse erfüllen, werden wir ständig frustriert werden. Erwarten wir nämlich von einem Freund oder geliebten Menschen, daß er uns von unseren innersten Qualen befreit, dann erhoffen wir etwas von ihm oder ihr, das Menschen nicht geben können. Kein Mensch kann uns vollständig verstehen, kein Mensch kann uns uneingeschränkt lieben oder uns ständig geneigt bleiben, kein Mensch kann in unser innerstes Wesen vordringen und unsere Verzagtheit heilen.

Wenn wir das vergessen und von anderen mehr

erwarten, als sie geben können, werden wir schnell enttäuscht werden; und wenn wir nicht das Erwartete bekommen, werden wir zusehends ärgerlich, bitter, nachtragend und sogar gewalttätig.

In letzter Zeit ist uns deutlich bewußt geworden, wie hauchdünn die Grenze zwischen Intimität und Gewalt ist. Wir sehen oder hören von Grausamkeiten zwischen Mann und Frau, Eltern und Kindern, Brüdern und Schwestern und erkennen allmählich, daß diejenigen, die so verzweifelt nach Liebe verlangen, sich sehr oft erbarmungslos bekämpfen. Die Berichte in den Tageszeitungen über sexuelle Aggressivitäten, Verstümmelungen und Mord führen uns Menschen vor Augen, die verzweifelt nach einander greifen und sich aneinander klammern, weinen und nach Liebe schreien und doch nichts anderes erhalten als noch mehr Gewalt.

Spinozas Worte: „Die Natur verabscheut das Vakuum" treffen offensichtlich auf uns zu, und die Versuchung ist tatsächlich sehr groß, in eine Intimität und Nähe zu flüchten, die für nichts sonst mehr Raum läßt. Viel Leid erwächst aus dieser erstickenden Nähe.

Mit betenden Händen

In dem Buch „Existentielle Metapsychiatrie" des New Yorker Psychiaters Thomas Hora (1977, S. 32) fand ich ein gutes Bild, das unser Dilemma beschreibt. Thomas Hora spricht von „Personalismus", wenn zwischenmenschlichen Beziehungen besondere Heilkraft zugeschrieben wird, und er vergleicht diesen Personalismus mit den ineinander verschränkten Fingern zweier Hände. Die Finger zweier Hände lassen sich nur bis zu einem gewissen Grad verschlingen, dann ist ein toter Punkt erreicht, von dem aus nur noch eine Bewegung nach rückwärts möglich ist, was Widerstand und schließlich Schmerz verursacht. Zu großer Widerstand führt zur Trennung. Wenn wir uns als die ineinander verschränkten Finger zweier Hände betrachten, geraten wir in eine erstickende Nähe, die keinen freien Raum mehr läßt. Einsame Menschen mit einem starken Wunsch nach Intimität, die immer enger zusammenrücken in der Hoffnung, ein Gefühl der Zusammengehörigkeit und Ganzheit zu erfahren, finden sich nur allzu häufig in einer Situation gefangen, in der Nähe zu Spannung, Spannung zu Schmerz und Schmerz zur Trennung führt.

Viele Ehen halten nur eine so kurze Zeit, eben weil ein starker Wunsch nach Nähe besteht und nur ein winziger Raum für freie Bewegung übrig ist. Wegen der hohen emotionalen Erwartungshaltung, mit der die Paare eine Beziehung beginnen, geraten sie oft in Panik, wenn sie nicht die innere Zufriedenheit erfahren, auf die sie gehofft hatten. Oft versuchen sie mit großer Mühe ihre Spannungen abzubauen, indem sie ihr gemeinsames Leben in allen Einzelheiten auseinandernehmen, nur um schließlich in einer Sackgasse zu landen, müde, erschöpft und zuletzt gezwungen, sich zu trennen, um einander keinen Schaden zuzufügen.

Thomas Hora bringt als Bild für eine echte

menschliche Beziehung zwei Hände, die sich parallel einander nähern, als ob sie beten wollten, dabei über sich hinausweisen und, obwohl in enger Verbindung, doch frei beweglich sind. Ich finde dieses Bild sehr hilfreich, weil es sehr deutlich macht, daß eine reife menschliche Intimität tiefen und nachhaltigen Respekt für den freien und leeren Raum in und zwischen den Partnern erfordert und eines ständigen gegenseitigen Schutzes und nachhaltiger Pflege bedarf.

Nur so kann eine Beziehung von Dauer sein, eben weil die gegenseitige Liebe erfahren wird als Teilhabe an einer größeren und schon früher bestehenden Liebe, auf die sie hinweist. Auf diese Weise kann Intimität reich und fruchtbar sein, weil sie einen sorgfältig geschützten Raum hat, in dem sie wachsen kann. Eine solche Beziehung ist kein ängstliches Aneinanderklammern, sondern ein freier, raumgebender Tanz, in dem wir uns vor- und rückwärts bewegen können, ständig neue Formen bilden und uns immer wieder neu erkennen.

Die Welt, in der wir leben, ist eine Welt voller einsamer und ängstlicher Menschen, die sich aneinander klammern, um etwas Erleichterung, Zufriedenheit und Freude zu erfahren. Die Tragödie dieser Welt besteht darin, daß ein großer Teil des Verlangens nach Liebe, Anerkennung und Zusammengehörigkeit auf grausame Weise in Eifersucht, Groll und Gewalttätigkeit verwandelt wird, oft zur bitteren Überraschung derjenigen, die nur in Frieden und Liebe leben wollten.

In einer solchen Welt muß ein Zeichen der Hoffnung gesetzt werden. Hier kann der Zölibat als sichtbarer Ausdruck des heiligen Freiraumes in einer überfüllten Welt großartiges Zeugnis im Dienste reifer menschlicher Beziehungen sein.

Der Zeuge

Ein Freiraum für Gott

Thomas von Aquin hat nach meiner Meinung die beste Definition des Zölibats gegeben, er spricht von einem Leerraum für Gott. Ehelos zu leben heißt, leer sein für Gott, frei und offen für seine Gegenwart, verfügbar für seinen Dienst. Diese Auffassung des Zölibats hat jedoch oft zu der falschen Ansicht geführt, leer sein für Gott sei ein besonderes Privileg der im Zölibat Lebenden, während andere, die in alle möglichen zwischenmenschliche Beziehungen verwickelt sind, nicht leer, sondern voll seien, nicht nur beschäftigt, sondern überbeschäftigt. Betrachten wir den Zölibat als einen Lebensstand, der die Bedeutung der Gegenwart Gottes in unserem Leben hütet im Gegensatz zu anderen Lebensständen, die zu Verwicklungen in weltliche Angelegenheiten führen, geraten wir schnell in ein gefährliches Elitedenken. Die im Zölibat Lebenden sind mitnichten Kirchenkuppeln, die sich über den vielen niedrigen Häusern der Stadt erheben.

Ich meine, der Zölibat kann nie als besonderes Vorrecht einiger weniger Mitglieder des Gottesvolkes angesehen werden. Enthaltsamkeit in ihrer tiefsten Bedeutung als Möglichkeit, für Gott einen Leerraum zu schaffen und zu schützen, ist wesentlicher Teil aller Formen christlichen Lebens: Ehe, Freundschaft, Ehelosigkeit und Gemeinschaftsleben. Wir werden nie ganz verstehen, was es heißt, enthaltsam zu leben, wenn wir nicht erkennen, daß Enthaltsamkeit ein Element, und zwar ein sehr wesentliches, im Leben aller Christen darstellt. Betrachten wir, was das für Ehe und Freundschaft bedeutet.

In einer Ehe geht es nicht um die lebenslange Anziehung zweier Menschen zueinander, sondern um den Ruf an beide, gemeinsam Gottes Liebe zu bezeugen. Die Grundlage einer Ehe ist nicht gegenseitige Zuneigung, sind nicht Gefühle, Empfindungen und Leidenschaften, die wir mit dem Begriff Liebe verbinden, sondern eine Berufung, ein Ausgewähltsein, gemeinsam in dieser Welt ein Haus für Gott zu bauen, ähnlich den beiden Cherubim, deren ausgestreckte Schwingen die Bundeslade beschirmten und einen Raum schufen, in dem Jahwe anwesend sein kann (vgl. Ex 25,10–12; 1 Kön 8,6–7).

Die Ehe ist eine Beziehung, in der ein Mann und eine Frau das innere Heiligtum in sich und zwischen sich schützen und pflegen, und dies durch die Art ihrer Liebe zueinander bezeugen. Ehe ist somit ebenfalls ein *vacare Deo.* Enthaltsamkeit ist Teil der Ehe, nicht nur weil Ehepaare eventuell längere Zeit getrennt voneinander leben müssen, weil sie vielleicht aus körperlichen, geistigen oder spirituellen Gründen gezwungen sind, auf sexuelle Beziehungen zu verzichten, sondern auch, weil die Intimität der Ehe selbst eine Intimität ist, die auf der gemeinsamen Teilhabe an einer Liebe beruht, die größer ist als die zwischen zwei Menschen. Das wahre Mysterium der Ehe ist nicht, daß Mann und Frau sich so sehr lieben und dadurch Gott in dem Leben des Partners finden können, sondern daß Gott sie so liebt, daß sie einander mehr und mehr als lebendiges Echo seiner göttlichen Gegenwart empfinden. Sie kommen zusammen wie zwei zu Gott emporgehobene Hände, die beten wollen und ihm auf diese Weise ein Heim in dieser Welt schaffen.

Dasselbe gilt für die Freundschaft. Tiefe und reife Freundschaft heißt nicht, einander ständig in die Augen zu blicken und von des anderen Schönheit, Talent und Begabung hingerissen zu sein, vielmehr bedeutet sie, gemeinsam auf ihn zu schauen, der uns zu seinem Dienst ruft.

Es hat mich tief beeindruckt, wie die Mitglieder der Sankt-Ägidius-Gemeinde in Trastevere ihre Beziehungen zueinander beschrieben. Sie sagten deutlich, wie wichtig Freundschaft für sie sei, aber daß sie in ihrem Apostolat lernen müßten, ihre Beziehungen stets im Zusammenhang mit ihrer gemeinsamen Berufung zu sehen. Sobald die Beziehung als solche zum Mittelpunkt wird, entfernen sie sich von ihrer Berufung. Sie müssen einverstanden sein, daß neue Entwicklungen in ihrem Apostolat sie eine Zeitlang voneinander trennen und ebenso, diese Trennungen als Angebot zu sehen und zu erfahren, ihre Beziehung zu Gott zu vertiefen und durch ihn auch untereinander. Deswegen sind sie so überzeugt, daß ihre wöchentliche Eucharistiefeier und ihre tägliche Vesper die Quelle ihrer gegenseitigen Liebe ist. Dort begegnen sie sich als Freunde, dort bekräftigen sie ihre gegenseitige Verpflichtung und dort finden sie den Mut, ihrem Herrn nachzufolgen, selbst wenn er von ihnen verlangt, in verschiedene Richtungen zu gehen. Ihre Beziehung ist somit wirklich ein Zusammenstehen um den Altar oder um den heiligen leeren Raum, den die Ikone bezeichnet. Gemeinsam wollen sie diesen leeren Raum in und zwischen sich schützen.

So tragen Ehe und Freundschaft in ihrem Zentrum eine heilige Leere, einen Raum, für Gott bestimmt und nur für ihn. Ohen diesen heiligen Mittelpunkt werden sowohl Ehe wie Freundschaft zu einer Stadt ohne Kirchenkuppeln, einer Stadt, die Ziel und Zweck ihrer eigenen Aktivitäten vergessen hat.

Mit dem Leben erinnern

Wir erkennen nun, daß Enthaltsamkeit in unserer Welt einen sehr wichtigen Platz einnimmt. Die Ehelosigkeit macht das Leben eines Menschen zu einem sichtbaren Zeugnis für die Priorität Gottes in unserem Dasein, zu einem Zeichen der Mahnung für alle Menschen, daß unser Leben ohne inneres Heiligtum die Verbindung mit seiner Quelle und seinem Ziel verliert. Wir gehören Gott. Alle Menschen tun es. Im Zölibat lebende Menschen erinnern daran, indem sie sich an keinen Menschen besonders binden, daß die Beziehung zu Gott Anfang, Quelle und Ziel aller menschlichen Beziehungen ist.

Der ehelos Lebende hebt mit seinem Leben der Nicht-Bindung einen Aspekt christlichen Lebens hervor, an den alle erinnert werden sollten. Er ist wie der Clown im Zirkus, der nach den aufregenden Darbietungen der Trapezkünstler und Löwenbändiger stolpert und fällt und uns auf diese Weise erinnert, daß alle menschliche Aktivität letztlich nicht so wichtig ist, wie uns die Virtuosen glauben machen wollen. Sie leben im Zölibat die heilige Leere in ihrem Leben aus, indem sie nicht heiraten, nicht versuchen, ein Haus zu bauen oder ein Vermögen zu erwerben, nicht größtmöglichen Einfluß ausüben wollen, ihr Leben nicht mit Ereignissen, Menschen oder Werken, die sie unvergeßlich machen, anfüllen wollen. Sie hoffen, durch ihr „leeres Leben" Gott als die Quelle aller menschlichen Gedanken und Taten erkennbar zu machen. Besonders dadurch, daß er nicht heiratet und sich der intimsten Äußerung menschlicher Liebe enthält, wird der in Ehelosigkeit Lebende ein lebendiges Zeichen für die Grenzen aller zwischenmenschlichen Beziehungen und der zentralen Bedeutung des inneren Heiligtums, das kein menschliches Wesen entweihen darf.

Für wen ist dieses Zeugnis bestimmt? Ich wage zu sagen, daß der Zölibat in erster Linie ein Zeugnis für alle Verheirateten ist. Ich frage mich, ob wir die wichtige Beziehung zwischen Ehe und Zölibat schon genug erforscht haben. In letzter Zeit ist diese Wechselbeziehung auf schmerzliche Weise deutlich geworden. Die Krise des Zölibats und die Krise der Ehe als Institution traten gleichzeitig in Erscheinung. Zur selben Zeit, da viele Priester und Ordensleute die Ehelosigkeit aufzugeben wünschten, stellten auch viele verheiratete Paare den Wert ihrer gegenseitigen Verpflichtung in Frage. Auch wenn diese beiden Phänomene nicht als Ursache und Wirkung miteinander verbunden sind, hängen sie dennoch eng zusammen, weil Ehe und Zölibat zwei Lebensweisen innerhalb der christlichen Gemeinschaft sind, die sich gegenseitig stützen. Der Zölibat ist Eheleuten in ihrer gegenseitigen Verpflichtung eine Stütze. Der Ehelose erinnert diejenigen, die in einer Ehe zusammenleben, an ihren eigenen zölibatären Mittelpunkt, den sie schützen und stärken müssen, damit ihr Leben nicht nur von der Stabilität von Gefühlen und Zuneigungen abhängt, sondern auch von ihrer gemeinsamen Liebe zu Gott, der sie zusammenführte. Andererseits geben Eheleute auch denen ein Zeugnis, die die Ehelosigkeit gewählt haben und erinnern sie daran, daß es die Liebe Gottes ist, die reiche und fruchtbare menschliche Beziehungen ermöglicht und daß der Wert zölibatären Lebens sich in einer großzügigen, liebevollen und beständigen Fürsorge äußert denen gegenüber, die in Not sind. Eheleute erinnern die Ehelosen, daß auch sie in einer feierlichen Verpflichtung stehen und Braut und Bräutigam sind. Deshalb sind Ehe und Zölibat aufeinander angewiesen.

Im Zölibat Lebende können Eheleute und ihr gemeinsames Leben oft gut verstehen und umgekehrt. Bemerkungen wie: „Sie wissen nicht, wovon Sie reden, weil Sie nicht im Zölibat leben" treffen oft nicht den Kern. Gerade weil Ehe und Zölibat einander dienen und durch ihr gemeinsames Zeugnis für Gottes

Liebe verbunden sind, als der Liebe, in der jede menschliche Beziehung ihren Ursprung hat, können in Ehelosigkeit Lebende und Eheleute einander unschätzbare Hilfe leisten, indem sie ihre unterschiedlichen Lebensweisen gegenseitig stützen.

Der Zölibat betont nicht nur gegenüber Eheleuten das innere Heiligtum, sondern spricht auch mit ihnen gemeinsam von der Gegenwart Gottes in der Welt zu all denen, die hören wollen. In einer übervölkerten Welt, die in Konflikte und Leiden verstrickt ist, sind ehelos Lebende durch ihre Hingabe an Gott, allein auf sich gestellt, und Eheleute in ihrer Hingabe an Gott in ihrem gemeinsamen Leben, Zeichen für Gottes Gegenwart in eben dieser Welt. Beide fordern in unterschiedlicher Weise auf, uns Gott als der Quelle jeder menschlichen Beziehung zuzuwenden. Beide sagen auf verschiedene Weise, wenn wir Gott nicht den ihm zustehenden Platz inmitten unserer Städte einräumen, wir alle an dem hoffungslosen Versuch zugrunde gehen werden, Frieden und Liebe aus eigener Kraft zu bewirken. Der Ehelose spricht von der Notwendigkeit, mit allen Mitteln das innere Heiligtum zu respektieren; der verheiratete Christ spricht von der Notwendigkeit, menschliche Beziehungen auf der Intimität mit Gott selbst aufzubauen. Aber beide treten ein für Gott und seine Herrschaft in der Welt, und gemeinsam geben sie der christlichen Gemeinde Gestalt und sind Zeichen der Hoffnung.

In einer Welt also, die von Einsamkeit und Konflikten zerrissen wird und so angestrengt versucht, bessere menschliche Beziehungen zu schaffen, ist

Ehelosigkeit ein wichtiges Zeugnis. Sie ermutigt uns, Raum für ihn zu schaffen, der seinen Sohn sandte und uns auf diese Weise offenbarte, daß wir einander nur lieben können, weil er uns zuerst geliebt hat.

Der Lebensstil

Nutzlos ...

Wenn wir Ehelosigkeit als ein *vacare Deo* ansehen, ein Leersein für Gott als sichtbares Zeugnis des inneren Heiligtums im Leben aller Menschen, dann wird klar, daß sexuelle Enthaltsamkeit bei weitem nicht der wichtigste Aspekt des Zölibats sein kann. Nicht verheiratet sein oder keine geschlechtlichen Beziehungen haben, macht nicht zölibatäres Leben aus. Der Zölibat ist ein Offensein für Gott, wobei sexuelle Enthaltsamkeit nur eine einzige Seite darstellt. Ehelosigkeit ist ein Lebenstil, mit dem wir zu bezeugen versuchen, daß Gott in allen Beziehungen den Vorrang hat. Darin ist jeder Teil unseres Lebens einbezogen: die Art, wie wir essen und trinken, arbeiten und spielen, schlafen und ruhen, reden und schweigen. Es ist ein Offensein für Gott, das in seiner Praxis alle, denen wir begegnen, zu Fragen anregen soll. Es ist eine Art lebenslanges Straßentheater, das ständig versucht, die Menschen zu Fragen über den tieferen Sinn ihres eigenen Lebens anzustoßen.

So dürfen wir die Ehelosigkeit als eine Lebensweise ansehen, mit der wir Gottes Platz in dieser Welt auf vielerlei Weise und nicht nur mit sexueller Abstinenz bezeugen. Ich möchte hier auf zwei Aspekte eingehen, die heute von besonderer Bedeutung sind für eine Lebensweise, die das Freisein für Gott besonders betont. Das sind kontemplatives Gebet und freiwillige Armut.

Kontemplatives Gebet ist ein wesentliches Element zölibatären Lebens, weil es erst eine Haltung des Leerseins für Gott verlangt. Kontemplatives Gebet heißt nicht, sich mit Gott, anstatt mit Menschen zu beschäftigen, sondern es ist eine Haltung, mit der wir den absoluten Vorrang Gottes anerkennen, indem wir in seiner Gegenwart mit leeren Händen stehen, ohne etwas vorzuzeigen, zu beweisen oder zu behaupten, sondern ihm gestatten, in unsere Leere einzutreten. Es besteht somit eine enge Verbindung zwischen Zölibat und kontemplativem Gebet. Beides sind Ausdrucksformen des Leerseins für Gott. In unserer auf Nützlichkeit ausgerichteten Kultur, in der wir unter einem kollektiven Zwang stehen, etwas Praktisches, Nützliches oder Zweckmäßiges zu tun, um damit ein Wertgefühl zu erhalten, ist das kontemplative Gebet eine Form radikaler Kritik. Es ist nicht nützlich oder praktisch, sondern ein Weg, Zeit zu verschwenden für Gott. Es reißt ein Loch in unsere Geschäftigkeit und erinnert uns und andere, daß nicht wir, sondern Gott die Welt erschuf und erhält. Kontemplatives Gebet, verstanden als eine Haltung, in der wir nackt, machtlos und verwundbar vor Gott stehen, ist eine der wichtigsten Ausdrucksformen zölibatärer Lebensweise.

In diesem nutzlosen Gebet kann uns Gott seine Liebe zeigen. Wenn wir leer, frei und offen sind, können wir bei ihm sein, ihn anschauen, ihm zuhören und allmählich erkennen, daß er unser liebender Vater ist, der uns mit tiefer innerer Zuneigung liebt. Für einen Menschen, der im Zölibat lebt, ist es sehr wichtig, ein herzliches, inniges und intimes Gebetsleben zu entwickeln, in dem die freundliche, fürsorgende Liebe Gottes erfahren und ausgekostet werden kann. In einem solchen Gebet werden wir wirklich frei, fühlen uns angenommen, zugehörig, nicht mehr allein, sondern erleben uns in der Umarmung dessen, der Vater-, Mutter- und geschwisterliche Liebe vereint. Wenn wir ihn erst im Gebet wirklich kennenlernen, dann können wir in dieser Welt leben, ohne uns an jemand klammern zu müssen, um Selbstbestätigung zu erfahren und können den Reichtum göttlicher Liebe zur Quelle unseres Dienstes machen.

Und arm …

Neben dem kontemplativen Gebet gehört zum Zölibat als Lebensweise die freiwillige Armut. Ein reicher Zölibatär gleicht einem fetten Sprinter. Jeder, dem es mit seinem Zölibat ernst ist, muß sich fragen: „Bin ich arm?“ Lautet die Antwort: „Nein, mir geht es viel besser als den meisten Leuten, ich kann mir mehr leisten als die Angehörigen meiner Pfarrei, kann besser essen und trinken als diejenigen, deren Diener ich bin“, dann haben wir unser Zölibat noch nicht ernst genug genommen. Freiwillige Armut ist wahrscheinlich eines der wichtigsten äußeren Zeichen dieser Lebensweise. Es trifft zu, daß viele verheiratete Leute vom Zölibat nicht viel halten, weil sie ihren täglichen Kampf um das Nötigste für Lebensunterhalt, Miete, Ausbildung usw. mit dem sorgenfreien Leben der Priester und Ordensleute vergleichen und sich fragen, wer nun weniger im Sinne des Evangeliums Zeugnis gibt. Wenn es einen Aspekt heutigen priesterlichen Dienstes gibt, der hervorgehoben werden muß, so die freiwillige Armut.

In einer Zeit, in der wir uns der Sünden des Kapitalismus mehr denn je bewußt sind und täglich von den Millionen Menschen hören, denen es an Nahrung, einer Wohnung und primitivster Fürsorge mangelt, kann man sich nicht als Zeuge von Gottes Gegenwart betrachten, wenn man selbst materiellen Besitz anhäuft, sich den Bauch vollschlägt und nur daran denkt, das, was man hat, möglichst gut anzulegen. In unserer Zeit ist freiwillige Armut wahrscheinlich die notwendigste Form unseres Leerseins für Gott. Sie ist das überzeugendste Zeichen unserer Solidarität mit der Welt, wie wir sie heute kennen, und die stärkste Stütze für ein Leben der Enthaltsamkeit. Überall dort, wo die Kirche lebendig ist, ist sie arm. Das trifft für Rom zu: denken wir zum Beispiel an die Missionarinnen der Nächstenliebe und die Kleinen Schwestern und Brüder Jesu. Das trifft ebenso für Lateinamerika zu: denken wir an die neuen Formen des priesterlichen Dienstes in Mexiko, Paraguay und Brasilien. Das trifft nicht weniger zu für die Vereinigten Staaten: denken wir an den

„Catholic Worker" und die „Sojourners Community".

Überall dort, wo sich die Kirche erneuert, verschreibt sie sich der freiwilligen Armut als einer spontanen Antwort auf die heutige Weltlage, eine Antwort, die Kritik an dem wachsenden Reichtum der wenigen sein will und Solidarität mit dem wachsenden Elend der vielen ausdrückt.

Was Armut konkret im Leben eines jeden von uns bedeutet, ist schwer zu sagen, weil es individuell entschieden werden muß. Aber ich wage zu behaupten, daß jeder, der sich der Disziplin des kontemplativen Gebetes unterwirft, früher oder später konfrontiert werden wird mit den Worten Jesu an den reichen Jüngling. Denn eines ist sicher: wir alle sind reiche Jünglinge, die fragen: „Meister, was muß ich tun, um ewiges Leben zu haben?" Nicht so sicher ist es, daß wir bereit sind, die Antwort zu hören.

So ist festzuhalten, daß kontemplatives Gebet und freiwillige Armut die beiden Hauptsäulen sind, die ein Leben im Zölibat stützen.

Schluß

Bei dem Versuch, diese Gedanken über den Zölibat zusammenzufassen und abzuschließen, wird mir schmerzlich bewußt, daß viele andere Fragen, die dieses Thema umfassen, kaum berührt wurden. Ich bin nicht darauf eingegangen, wie unsere sexuellen Triebe, Wünsche, und Bedürfnisse fruchtbar einbezogen werden können in eine zölibatäre Lebensweise. Ich habe nicht die wichtige Beziehung zwischen Ehelosigkeit und Leben in der Gemeinschaft erwähnt und habe nicht über die Bedeutung des Zölibats für den konkreten alltäglichen priesterlichen Dienst gesprochen. Ganz bewußt wollte ich vermeiden, die Nützlichkeit des Zölibats zu betonen. Hätte ich das getan und unterstrichen, daß eine solche Lebensweise uns verfügbarer macht für unsere Mitmenschen, uns ermutigt, unsere Gaben mit vielen Menschen zu teilen, uns ermöglicht, uns freier in der Welt zu bewegen dorthin, wo menschliche Nöte am dringendsten seelsorglichen Beistand verlangen, hätte ich diese Seite des Zölibats betont, könnte der Aspekt des Nützlichen überbewertet erscheinen, und ich hätte die Torheit, sich selbst „zur Ehe unfähig zu machen“ um des Himmelsreiches willen (vgl. Mt 19,12), zu schnell abgetan.

Jesus hat die Ehelosigkeit nicht als eine sehr praktische, nützliche und wirkungsvolle Lebensweise dargestellt. Indem er sagt: „Wer das erfassen kann, der erfasse es“, macht er deutlich, daß der Zölibat nicht die annehmbarste, überzeugendste oder eindeutigste Wahl im Leben ist. Erklärte man also Ehelosigkeit für nützlich, wäre das mehr eine Verbeugung vor dem Geist amerikanischen Pragmatismus' als vor dem Geist des Evangeliums. Einen Freiraum für Gott zu bewahren und zu pflegen inmitten einer Welt, die nach Selbsterfüllung strebt, kann schwerlich nutzbringend oder praktisch sein. Mit leeren Händen vor Gott zu stehen ist nicht nützlich, allen Besitzes zu entsagen, ist nicht praktisch und ein Leben zu führen ohne einen vertrauten Partner und ohne Kinder, ist gewiß nicht gerade flott.

Aber dennoch sind kontemplatives Gebet, freiwillige Armut und sexuelle Enthaltsamkeit drei Elemente einer dem Zölibat verpflichteten Lebensweise, die gemeinsam die Notwendigkeit unterstreichen, einen Freiraum zu schaffen, in dem wir auf Gottes Stimme hören können und seine Gegenwart in unserer Mitte feiern. Nur wenn wir gewillt sind, diesen Lebensstil, der nutzlos, unpraktisch und töricht ist, zu akzeptieren, kann sich der Zölibat schließlich als wirksam erweisen. Doch diese Art Wirksamkeit ist nicht von dieser Welt. Sie gehört zum Königreich Gottes. Und diese Art Wirksamkeit wird nur erkannt, wenn wir den Schmerz unserer Leere voll erfahren haben.

Im Zirkus des Lebens sind wir in der Tat die Clowns. Wir wollen hart trainieren, damit unsere Zuschauer lächelnd erkennen, daß wir mitten in unserer überfüllten Stadt einen Platz für ihn freihalten wollen, für ihn, der seine eigensinnigen und hartköpfigen Kinder mit unendlicher Zärtlichkeit und Fürsorge liebt.

III

Gebet und Gedanken

Einführung

Gebet gehört für uns gewöhnlich zu den vielen Dingen, die ein volles und reifes christliches Leben ausmachen. Wir ermahnen uns und andere: „Wir sollten nicht vergessen zu beten, Beten ist wichtig; ohne Gebet wird unser Leben oberflächlich. Wir sollten unsere Zeit nicht nur mit Menschen verbringen, sondern auch mit Gott." Wenn wir wirklich überzeugt sind, daß Beten wichtig ist, werden wir vielleicht sogar bereit sein, täglich eine Stunde zu beten oder einen ganzen Tag im Monat oder eine ganze Woche jedes Jahr. Dann wird das Gebet zu einem Teil, zu einem sehr wichtigen Teil, unseres Lebens.

Aber wenn der Apostel Paulus vom Beten spricht, gebraucht er ganz andere Worte. Für ihn ist Beten nicht Teil des Lebens, sondern das Leben selbst. Für ihn geht es nicht darum, daß wir nicht vergessen sollen zu beten, für ihn ist das Gebet eine fortdauernde Verpflichtung. Er ermahnt seine Leser nicht, ab und zu zu beten, oder regelmäßig oder oft, sondern verlangt unumwunden, ständig, unaufhörlich, ohne Unterlaß zu beten. Es genügt nicht, täglich eine bestimmte Zeit im Gebet zu verbringen. Nein, seine Forderung ist viel radikaler. Er verlangt von uns, Tag und Nacht zu beten, in Freude und Kummer, bei Arbeit und Spiel ohne Pause oder Unterbrechung. Für Paulus ist beten wie atmen. Eine Unterbrechung könnte tödliche Gefahr bedeuten.

Paulus schreibt an die Christen in Thessalonich: „Betet ohne Unterlaß! Dankt für alles; denn das will

Gott von euch, die ihr Christus Jesus gehört" (1 Thes 5,17–18). Paulus verlangt nicht nur immerwährendes Gebet, sondern er praktiziert es auch. „Darum danken wir Gott unablässig für euch" (1 Thes 2,13), sagt er seiner Gemeinde in Griechenland. „Wir müssen Gott euretwegen immer danken" (2 Thes 1,3). „Darum beten wir auch immer für euch, daß unser Gott euch eurer Berufung würdig mache" (2 Thes 1,11). An die Römer schreibt der Apostel: „Unablässig denke ich an euch in allen meinen Gebeten" (Rm 1,9), und er tröstet seinen Freund Timotheus mit den Worten: „In meinen Gebeten denke ich unablässig an dich" (2 Tm 1,3).

Die beiden griechischen Ausdrücke, die immer wieder in den Briefen des Apostels Paulus gebraucht werden, sind: *pantote* (immer) und *adialeiptos* (ununterbrochen). Diese Worte machen deutlich, daß für Paulus Beten nicht Teil seines Lebens ist, sondern das ganze Leben; nicht Teil seines Denkens, sondern das ganze Denken; nicht Teil seiner Gefühle und Empfindungen, sondern das Ganze von all dem. Sein glühender Eifer gibt sich nicht mit Teilverpflichtungen zufrieden, mit stückweiser Hingabe oder Halbherzigkeiten. Er gibt alles und verlangt alles.

Diese radikale Haltung wirft zweifellos einige schwierige Fragen auf. Was heißt: beten ohne Unterlaß? Wie können wir unser Leben mit seinen vielen Anforderungen und Verpflichtungen als ein ununterbrochenes Gebet leben? Wie steht es um die unzähligen Zerstreuungen, die täglich auf uns einstürmen? Wie können darüber hinaus unser Schlaf, die wohl verdienten Augenblicke der Erholung und die wenigen Stunden, während denen wir versuchen, den Spannungen und Konflikten des Lebens zu entkommen, in ein immerwährendes Gebet eingebracht werden? Das sind gewichtige Fragen, die viele Christen verwirrt haben, die die Ermahnung des Apostels ernst nehmen und ohne Unterlaß beten wollten.

Eines der bekanntesten Beispiele ist die Geschichte des russischen Bauern aus dem 19. Jahrhundert, der der Aufforderung des Apostels Paulus nach unablässigem Gebet so gehorsam nachkommen wollte, daß er von Starez zu Starez ging, um eine Antwort auf seine Fragen zu erhalten, bis er schließlich zu einem heiligen Mann kam, der ihn das Jesusgebet lehrte. Der Starez sagte dem Bauern, er solle täglich tausende von Malen sagen: „Herr Jesus Christus, erbarme dich meiner". Im Laufe der Zeit verschmolz dieses Gebet mit seinem Atem und Herzschlag, so daß er durch Rußland ziehen konnte, die Bibel und die „Philokalia" in seinem Beutel, dazu etwas Brot und Salz und ein Leben in unablässigem Gebet führen konnte (vgl. Aufrichtige Erzählungen eines russischen Pilgers, hrsg. von E. Jungclaussen, Freiburg i. Br. 1974). Obgleich wir keine russischen Bauern aus dem 19. Jahrhundert sind mit ähnlicher Wanderlust, haben wir doch die gleiche Frage wie dieser einfache Bauer: „Wie beten wir ohne Unterlaß?"

Ich möchte diese Frage nicht im Zusammenhang mit den weiten, schweigenden russischen Steppen des 19. Jahrhunderts beantworten, sondern konfrontiert mit der Unrast unserer heutigen westlichen Gesellschaft. Ich meine, man sollte das unaufhörliche

Gebet als eine Umwandlung unserer unaufhörlichen Gedankenprozesse ansehen. Meine entscheidende Frage lautet daher: „Wie können wir unsere unablässigen geistigen Aktivitäten in unablässiges Beten umwandeln?", oder, um es einfacher auszudrücken: „Wie kann Denken zu Beten werden?"

Zunächst möchte ich darlegen, wie unser unablässiges Denken sowohl Quelle unserer Freude wie auch unserer Qual ist. Dann möchte ich zeigen, wie dieses ständige Denken in ein immerwährendes Gespräch mit Gott verwandelt werden kann. Und schließlich möchte ich ergründen, wie wir eine Disziplin entwickeln können, die diese ständige Umwandlung der Gedanken in Gebet fördert. Auf diese Weise möchte ich versuchen, das unablässige Gebet aus dem Bereich romantischer Sentimentalität zu lösen und zu einer realistischen Möglichkeit für unser anstrengendes Leben im 20. Jahrhundert machen.

Unaufhörliches Denken

Ein denkendes Schilfrohr

In letzter Zeit habe ich mich manchmal gefragt, ob wir je *nicht* denken. Wir sind wohl immer in irgendeinen Denkprozeß verwickelt und haben als Menschen einfach keine andere Wahl. Wenn Blaise Pascal den Menschen ein *roseau pensant* – ein denkendes Schilfrohr – nennt, weist er darauf hin, daß die Fähigkeit zu denken unser menschliches Wesen ausmacht und wir uns dadurch von allen anderen Geschöpfen unterscheiden. Alle unsere Gefühle, Leidenschaften und Empfindungen sind eng mit unseren Gedanken verbunden. Wir können sogar sagen, unsere Gedanken sind die Wiege unserer Freuden wie Schmerzen. Die Wörter „Gedanken" und „Denken" werden hier in einem sehr weiten Sinn gebraucht und schließen verschiedene geistige Prozesse ein, die, ob wir wollen oder nicht, uns in Denken verwickeln oder ständigem Gedankenfluß unterwerfen.

Eine uns sehr vertraute Form des Denkens, die aber nur einen kleinen Teil unserer geistigen Aktivitäten ausmacht, ist das reflektierende Denken. Reflexion ist ein bewußtes Zurückrufen von Ereignissen oder Ideen, Bildern und Gefühlen, die mit diesen Ereignissen verknüpft sind. Wir müssen dabei unsere Willenskraft einsetzen, um uns zu konzentrieren. Dazu brauchen wir Disziplin, Ausdauer, Geduld und viel geistige Energie. Wer viel geistig arbeitet, weiß, wie anstrengend systematische Reflexion ist, wie sie uns ermüden und sogar erschöpfen kann. Reflexion ist harte Arbeit und fällt uns nicht leicht in den Schoß. Aber nicht reflektieren bedeutet nicht, daß man nicht denkt. Oft überraschen wir uns beim Denken, ohne daß wir es überhaupt merken.

Man ergeht sich z.B. in den Straßen Roms und merkt plötzlich, daß man an seine Heimatstadt denkt, an die Eltern, Brüder und Schwestern und stellt fest, daß das nicht eingeplant war. Oder man wird sich überraschend bewußt, daß man an Spaghetti und Wein denkt oder wie es wäre, wenn man viel Geld hätte zum Verschenken, oder was man wohl sagen würde, wenn der Präsident anriefe oder welchen Namen man wählen würde, sollte man Papst werden, aber auch ob man sich zu Christus bekennte, wenn man mit Elektroschocks gefoltert würde und wer wohl weinte, wenn man aus dem Fenster spränge und wie bescheiden man leben würde, wenn man zum Priester geweiht worden wäre ... usw. ... usw. Man hatte durchaus nicht vor, an das alles zu denken, man hat es noch nicht einmal gewollt, und doch überrascht man seinen Geist mitten bei solchen Gedanken und merkt, daß man sich in einem komplexen Geflecht von Ideen, Bildern und Gefühlen bewegt.

Dieses passive, vor-reflektive Denken ist oft störend und macht uns besorgt, ja sogar ängstlich. Wir merken, daß unser Verstand Dinge denkt, die wir nicht kontrollieren können, die uns überfallen und unsere besten Absichten durchkreuzen. Während der feierlichsten Augenblicke können wir uns bei den banalsten Gedanken ertappen. Während wir einer Predigt über Gottes Liebe zuhören, beschäftigt uns die Frisur des Priesters. Bei der Lektüre eines geistlichen Buches, merken wir plötzlich, daß unser Verstand sich mit der Frage befaßt, wieviel Kakaobutter und wieviel Marmelade wir auf unser nächstes Brötchen streichen wollen. Während wir einer eindrucksvollen Zeremonie im Petersdom beiwohnen, überraschen wir uns bei der Überlegung, wie wohl diese vielen tausend Chorhemden nach dem Gottesdienst gereinigt werden.

Tatsächlich denken wir oft gerade in großartigen

Momenten an sehr primitive Dinge. Das Problem ist jedoch, daß wir nicht an nichts denken können. Wir müssen denken, und oft fühlen wir uns von unseren eigenen unkontrollierten oder nicht zu kontrollierenden Gedanken verraten.

Unsere Denkprozesse reichen sogar tiefer als unsere augenblicklichen Reflexionen und unsere unkontrollierten gedanklichen Spaziergänge. Sie reichen selbst in unseren Schlaf hinein. Mitten in der Nacht wachen wir auf und sind womöglich an einem spannenden Autorennen beteiligt oder sind Gäste bei einem köstlichen Bankett oder singen in einem himmlischen Chor. Manchmal können wir genau berichten, was wir in unseren Träumen erlebt haben, was wir gehört und was wir selbst gesagt haben. Manchmal erinnern wir uns nur der letzten Augenblicke unseres Traums und manchmal bleibt nur ein dumpfes Gefühl der Angst oder einer unbestimmten Freude zurück.

Wir wissen, daß sich während unseres Schlafes viel ereignet, aber nur gelegentlich erhaschen wir einen Zipfel. Gründliche Untersuchungen der Gehirnströme haben ergeben, daß unser Verstand auch im Schlaf ständig aktiv ist; wir träumen immer, auch wenn wir uns weder an diese Tatsache noch an den Inhalt erinnern. Und obwohl wir vielleicht unser Denken im Schlaf nicht so wichtig nehmen möchten, verglichen mit unseren Reflexionen und unseren schweifenden Gedanken, sollten wir nicht vergessen, daß für viele Menschen Träume sich als die Hauptquelle der Erkenntnis erwiesen haben. So hörte Patriarch Jakob Gottes Ruf, als er die Engel auf einer Leiter hinauf- und hinabsteigen sah. Im Alten Testament wurde Joseph nach Ägypten abgeschoben, weil er seine Brüder mit seinen Visionen von Garben, Sonne, Mond und Sternen, die sich vor ihm verneigten, ärgerte; und im Neuen Testament floh Joseph nach Ägypten, nachdem er einen Engel gesehen hatte, der ihn vor Herodes warnte. Und in unserem erwiesenermaßen so weit von biblischen Zeiten entfernten Jahrhundert, haben wir Sigmund Freud und Carl Jung, die uns darüber informieren, daß unsere Träume uns die Wahrheit sagen.

Quelle der Freude und der Sorge

Ob wir wollen oder nicht, sind wir also bei Tag und Nacht, in einen nie abreißenden Gedankenstrom einbezogen: wenn wir hellwach sind und wenn wir tief schlafen, wenn wir arbeiten und wenn wir ruhen. Das ist unser menschliches Dilemma, das uns sowohl Freude wie Schmerz beschert. Das ständige Denken ist uns Last und Geschenk zugleich. Gerne würden wir wenigstens eine Zeitlang aufhören zu denken und wären dann vielleicht nicht bedrängt von der Erinnerung an verlorene Freunde und dem Bewußtsein begangener Sünden, von dem Wissen um Hunger und Unterdrückung in unserer Welt. Solche Gedanken können uns in den unpassendsten Augenblicken überfallen oder halten uns wach, wenn wir den Schlaf doch dringend bräuchten.

So wünschen wir, einmal ohne Gedanken zu sein, die störenden Kritzeleien in unserem Hirn einfach löschen zu können. Aber andererseits gäbe es ohne Gedanken kein Schmunzeln, kein Lachen, keine stille Freude. Wie können wir uns freuen, Freunde wiederzusehen, wenn wir nicht in der Lage sind, an sie zu denken? Wie können wir einen Geburtstag feiern, einen nationalen Feiertag oder ein hohes religiöses Fest, wenn wir keine Vorstellung haben von der Bedeutung dieses Ereignisses? Wie können wir dankbar sein, wenn wir uns der erhaltenen Geschenke nicht erinnern? Wie können wir unsere Herzen erheben und singen und tanzen ohne die unzähligen Gedanken, die unsere Seele ständig bewegen?

Unsere Gedanken sind in der Tat die Wiege, in die Kummer und Freude hineingeboren werden. Ist die Seele leer, können unsere Herzen nicht trauern noch feiern, unsere Augen nicht weinen noch lachen, können wir unsere Hände nicht ringen noch mit ihnen Beifall klatschen, kann unser Mund nicht fluchen noch lobpreisen. Aber als „denkende Schilfrohre" können wir fühlen und das Leben voll auskosten mit seinen Freuden und Sorgen. Dieses unablässige Denken, das den inneren Kern unserer Menschlichkeit ausmacht, muß langsam aber beharrlich in unablässiges Gebet verwandelt werden.

Unablässiges Gebet

Im Dialog

Ohne Unterlaß zu beten, wie Paulus verlangt, wäre ganz unmöglich, wenn es bedeutete, ständig an Gott zu denken. Nicht nur für Menschen, die viele Dinge im Kopf haben müssen, sondern auch für Mönche, die viele Stunden täglich im Gebet verbringen, wäre es unrealistisch zu verlangen, ständig an Gott zu denken; das könnte auch, zu weit getrieben, zu einem seelischen Zusammenbruch führen.

Meiner Ansicht nach bedeutet beten nicht ein Denken an Gott im Gegensatz zu einem Denken an andere Dinge oder seine Zeit mit Gott zu verbringen, anstatt mit anderen Menschen. Es bedeutet vielmehr, in der Gegenwart Gottes zu denken und zu leben. Sobald wir unsere Gedanken aufzuteilen beginnen, in Gedanken an Gott und Gedanken an Menschen und Ereignisse, entfernen wir Gott aus unserem täglichen Leben und stellen ihn in eine fromme kleine Nische, wo wir fromme Gedanken und fromme Gefühle haben können. Auch wenn es wichtig und sogar unerläßlich ist für ein geistliches Leben, Zeit für Gott und nur für ihn auszusparen, so kann Gebet doch nur zum unablässigen Gebet werden, wenn alle unsere Gedanken – schöne oder häßliche, erhabene und niedrige, stolze oder beschämte, sorgenvolle oder freudige, in Gottes Gegenwart gedacht werden können. Wenn wir also unser unablässiges Denken in unablässiges Gebet umwandeln, kommen wir von einem um uns selbst kreisenden Monolog hin zu einem in Gott ruhenden Dialog.

Dazu ist es nötig, alle unsere Gedanken zu einem Gespräch werden zu lassen. Demnach ist die Hauptfrage nicht so sehr, was wir denken, sondern wem wir unsere Gedanken darstellen.

Es ist nicht schwer, einzusehen, wie sich unser tägliches Leben verwandeln würde, fänden wir den Mut, unsere Gedanken nicht länger für uns zu behalten, sondern sie auszusprechen, sie zu bekennen, mitzuteilen, in ein Gespräch einzubringen. Betrachtet man einen peinlichen oder amüsanten Gedanken nicht mehr isoliert, sondern teilt ihn jemandem mit, entsteht etwas völlig Neues. Dazu ist offensichtlich viel Mut und Vertrauen nötig, vor allem weil wir nicht immer sicher sind, wie unsere Gedanken aufgenommen werden. Aber sobald wir das Risiko eingegangen sind und erfahren, daß wir angenommen werden, erhalten auch unsere Gedanken eine neue Qualität.

Unablässig beten heißt, alle unsere Gedanken aus ihrer ängstlichen Isolation herauszuführen in ein furchtloses Gespräch mit Gott. Das Leben Jesu war ein Leben, das in Gegenwart Gottes, seines Vaters, gelebt wurde. Jesus hielt nichts, gar nichts vor dem Angesicht seines Vaters verborgen. Seine Freuden, seine Ängste, seine Hoffnungen und Verzweiflungen wurden immer mit dem Vater geteilt. Daher konnte Jesus zu seinen Jüngern sagen: „... Ihr werdet versprengt werden ... und mich werdet ihr allein lassen. Aber ich bin nicht allein, denn der Vater ist bei mir" (Joh 16,32). Das Gebet verlangt also, daß wir aus unserem Monolog ausbrechen und Jesus folgen, indem wir unser Leben zu einem ständigen Gespräch mit unserem himmlischen Vater werden lassen.

Beten ist daher keine Introspektion. Introspektion heißt, nach innen sehen, in das komplizierte Geflecht unserer geistigen Prozesse einzudringen auf der Suche nach irgendeiner inneren Logik oder einiger erhellender Zusammenhänge. Introspektion ergibt sich aus dem Wunsch, uns besser zu kennen und mit unserem Inneren vertrauter zu werden, was durchaus positiv zu werten ist, wenn auch die Gefahr besteht, uns dabei im Labyrinth unserer eigenen Ideen, Gefühle und Empfindungen zu verfangen und uns immer mehr mit uns selbst zu beschäftigen. Introspektion kann zu lähmenden Sorgen oder unproduktiver Selbstzufriedenheit führen. Sie kann auch Launenhaftigkeit hervorrufen – ein weitverbreitetes Phänomen in unserer Gesellschaft. Sie verrät unsere große Sorge um uns selbst und ein übertriebenes Hineinhorchen in unser Denken und Fühlen. Wir empfinden das Leben dann als ständiges Schwanken zwischen ‚Hochstimmung' und ‚Niedergeschlagenheit', zwischen ‚schlechten Tagen' und ‚guten Tagen', was letzten Endes auf eine Art Narzißmus herausläuft.

Beten ist keine Introspektion, keine peinlich genaue, nach innen schauende Analyse unserer eigenen Befindlichkeiten, sondern eine ruhige Aufmerksamkeit ihm gegenüber, der uns zu einem nie endenden Gespräch einlädt. Beten heißt, alle unsere Gedanken offenlegen, auch der Reflexionen und der Tag- und Nachtträume, vor unserem liebenden Vater, so daß er sie sehen kann und mit seiner göttlichen Barmherzigkeit auf sie eingeht. Gebet ist die freudige Bestätigung, daß Gott unsere Seelen und Herzen kennt und ihm nichts verborgen bleibt. Es bedeutet mit den Worten des Psalms 139:

„Herr, du hast mich erforscht und du kennst mich.
Ob ich sitze oder stehe, du weißt von mir.
Von fern erkennst du meine Gedanken.
Ob ich gehe oder ruhe, es ist dir bekannt;
Du bist vertraut mit allen meinen Wegen (1–3).

Erforsche mich Gott und erkenne mein Herz.
Prüfe mich und erkenne mein Denken.
Sieh her, ob ich auf dem Weg bin, der dich kränkt
und leite mich auf dem altbewährten Weg" (23–24).

Das Gebet ist eine kompromißlose Umwandlung all unserer geistigen Prozesse, weil wir uns beim Beten von uns fortbewegen – von unseren Kümmernissen, Sorgen und unserer Selbstzufriedenheit – und alles, das wir als uns zugehörig erkennen, auf Gott lenken in dem schlichten Vertrauen, daß seine Liebe alles erneuern wird.

Ungeahnter Götzendienst

Aber diese Umwandlung von unablässigem Denken in unablässiges Gebet ist alles andere als leicht. Es besteht eine tiefsitzende Abneigung, uns so verwundbar, so nackt, so völlig ungeschützt auszuliefern. Wir möchten durchaus Gott lieben und anbeten, aber wir möchten auch in uns eine kleine Nische freihalten, wo wir uns verstecken und unsere geheimen Gedanken denken können, unsere eigenen Träume träumen und unseren Hirngespinsten nachhängen. Wir sind stets versucht, die Gedanken sorgfältig auszuwählen, die wir in unser Gespräch mit Gott einbringen wollen.

Warum sind wir so knauserig? Vielleicht fragen wir uns, ob Gott alles, was in unseren Gedanken und Herzen vorgeht, verkraften kann. Kann er unsere schändlichen Gedanken annehmen, unsere grausamen Phantasien und wüsten Träume? Wird er fertig mit unseren primitiven Bildern, unseren aufgeblasenen Illuionen und unseren exotischen Luftschlössern? Oder wollen wir unsere angenehmen Vorstellungen und anregenden Träumereien für uns behalten, weil wir fürchten, sie aufgeben zu müssen, wenn wir sie vor unserem Herrn ausbreiten? So sind wir ständig versucht, aus Furcht oder Begierde, uns wieder der Selbstbespiegelung hinzugeben und das vor unserem Gott zurückzuhalten, was am meisten seiner heilenden Hand bedürfte!

Dieses Zurückhalten eines großen Teiles unserer Gedanken vor Gott führt uns auf einen Weg, den wir wahrscheinlich nie bewußt einschlagen möchten. Es ist der Weg des Götzendienstes. Götzendienst bedeutet Verehrung falscher Bilder, und genau das geschieht, wenn wir unsere Phantasien, Sorgen und Freuden für uns behalten, und sie nicht ihm, unserem Herrn, vorlegen. Indem wir uns weigern, diese Gedanken mitzuteilen, schränken wir seine Herrschaft ein und errichten kleine Altäre eben vor den geistigen Bildern, die wir nicht in das Gespräch mit Gott einbringen wollen.

Ich erinnere mich sehr deutlich an einen Besuch bei einem Psychiater, dem ich meine Schwierigkeit klagte, meine Phantasie in Kontrolle zu bekommen. Ich sagte ihm, daß ständig beunruhigende Bilder auftauchten, von denen ich mich nur sehr schwer lösen könnte. Er hörte meine Geschichte lächelnd an und sagte: „Nun, Father, als Priester sollten Sie wissen, daß das Götzendienst ist, weil Ihr Gott sagt, du sollst keine falschen Bilder anbeten." Erst da begriff ich wirklich, was es heißt zu beichten, nicht nur in Worten, sondern auch in Gedanken gesündigt zu haben. Es heißt, Götzendienst zu beichten, eine der ältesten und verbreitetsten Versuchungen.

Unablässiges Gebet ist deshalb so überaus schwierig, weil wir gerne Teile von uns selbst zurückhalten wollen und echten Widerstand verspüren, alles, was wir sind, Gottes Herrschaft zu unterstellen. Unablässiges Gebet ist im Grunde ein fortwährender Kampf gegen Götzendienst. Wenn alle unsere Gedanken – die bei Tag wie bei Nacht – in ein liebendes Gespräch mit Gott eingebracht sind, dann können wir von Gehorsam im vollen Sinne sprechen. Da das offensichtlich eine nie vollkommen zu erfüllende Aufgabe ist, müssen wir die Frage der Disziplin aufwerfen. Was für Disziplinen gibt es, die uns helfen, Jünger Christi zu werden und im Gehorsam vor unserem himmlischen Vater zu leben?

Disziplinen

Sich Christus vorstellen

Da die Umwandlung unseres unaufhörlichen Gedankenflusses in unaufhörliches Gebet, auf soviel Widerstreben stößt, brauchen wir Disziplin, d.h. eine Ordnung. Ohne sie bleibt unablässiges Gebet ein verschwommenes Ideal mit einem gewissen romantischen Reiz, das in unserer heutigen Welt jedoch wenig realistisch ist. Disziplin heißt, gezielt und konkret ein Umfeld zu schaffen, in dem sich ein Leben in unablässigem Gebet entfalten kann. Immerwährendes Gebet verlangt die Disziplin von Gebetsübungen. Wer keine bestimmte Zeit und keinen festen Ort jeden Tag nur für das Gebet reserviert, kann nicht erwarten, daß die unablässig strömenden Gedanken zu unablässigem Gebet werden. Warum ist diese geplante Gebetspraxis so wichtig? Deshalb, weil Gott dadurch für uns als wirklicher Gesprächspartner ganz gegenwärtig werden kann.

Diese Gebetsordnung umfaßt viele Formen des Gebetes – gemeinschaftliches, persönliches, gesprochenes und betrachtendes Gebet. Es ist äußerst wichtig, sich um das Gebet mit dem Verständnis zu bemühen, daß es ein ausdrücklicher Weg ist, um mit Gott zusammenzusein. Wir sagen oft: „Unser ganzes Leben sollte in Dankbarkeit gelebt werden", was jedoch nur möglich ist, wenn wir zu bestimmten Zeiten ganz konkret und sichtbar unseren Dank ausdrücken. Wir sagen oft: „Alle unsere Tage sollten zur Ehre Gottes gelebt werden", was freilich nur möglich ist, wenn regelmäßig ein Tag ausgespart wird, um Gott die Ehre zu geben. Wir sagen oft: „Wir sollten uns immer lieben", was auch nur möglich ist, wenn wir regelmäßig greifbare und unzweideutige Akte der Liebe vollbringen. Ebenso können wir nur sagen: „Alle unsere Gedanken sollten Gebet sein", wenn wir zu bestimmten Zeiten Gott zu unserem einzigen Gedanken machen.

Gemeinsam ist allem geordneten Gebet – sei es liturgisch, anbetend oder kontemplativ – das Bemühen, unsere ganze Aufmerksamkeit auf Gott – und nur auf ihn allein – zu richten. Daran sollten wir denken, wenn wir jetzt etwas näher darauf eingehen, wie wichtig die Disziplin der Kontemplation ist als einer der Wege, die zu unaufhörlichem Gebet führen. Obwohl viele kluge Dinge über Kontemplation und kontemplatives Gebet geschrieben worden sind, besteht bei manchen immer noch der Eindruck, kontemplatives Gebet sei etwas sehr spezielles, sehr „hohes" oder sehr schwieriges und bestimmt nichts für gewöhnliche Menschen mit gewöhnlichen Jobs und gewöhnlichen Problemen. Das ist schade, weil die Disziplin des kontemplativen Gebetes besonders wertvoll für diejenigen ist, die soviel im Kopf haben, daß sie unter Zersplitterung leiden. Wenn es richtig ist, daß alle Christen aufgerufen sind, ihre Gedanken in ein nicht endendes Gespräch mit ihrem Gott einzubringen, dann kann das kontemplative Gebet eine besonders wichtige Übung für alle sein, die bis zum

Hals in den vielen Angelegenheiten der Welt stekken.

Kontemplatives Gebet ist ein Gebet, in dem wir aufmerksam auf Gott schauen. Wie soll das möglich sein, da niemand Gott sehen und erleben kann? Das Mysterium der Menschwerdung Christi besteht darin, daß es möglich wurde, Gott in und durch Jesus Christus zu sehen. Christus ist das Bild Gottes. In und durch Christus wissen wir, daß Gott ein liebender Vater ist, den wir sehen können, indem wir auf seinen Sohn blicken. Als Jesus zu den Jüngern über seinen Vater sprach, sagte Philippus ungeduldig: „Herr, zeig uns den Vater, das genügt uns." Jesus antwortete ihm: „Wer mich gesehen hat, hat den Vater gesehen. Wie kannst du sagen: Zeig uns den Vater? Glaubst du nicht, daß ich im Vater bin und daß der Vater in mir ist?" (Joh 14,8–10.)

Kontemplatives Gebet bedeutet also, Christus als das Bild Gottes des Vaters zu sehen. Alle bewußten oder unbewußten Bilder, die wir uns von ihm machen, sollten auf ihn ausgerichtet sein, der das einzige Bild Gottes ist. Kontemplatives Gebet könnte als ein Gebet beschrieben werden, in dem man sich Christus vorstellt, ihn ganz in sein Bewußtsein aufnimmt, so daß er zu der Ikone wird, die stets in unserem inneren Raum gegenwärtig ist. Indem wir Christus mit liebender Aufmerksamkeit betrachten, erfahren wir mit Herz und Sinn, was es bedeutet, daß er der Weg zum Vater ist. Jesus ist der einzige, der den Vater gesehen hat. Jesus sagt: „Niemand hat den Vater gesehen, außer dem, der von Gott ist" (Joh 6,46). Das ganze Dasein Jesu ist ein ständiges

Schauen auf den Vater. Jesu Leben und Werke sind eine ununterbrochene Kontemplation seines Vaters. Für uns bedeutet daher Kontemplation eine ständig deutlicher werdende Vorstellung von Jesus, so daß in, durch und mit ihm wir den Vater sehen können und in seiner Gegenwart leben.

Ein einfaches Beispiel

Wie stellen wir uns somit Christus vor, um mit ihm ein Gespräch beginnen zu können und dadurch unser unablässiges Denken in ein unablässiges Gebet zu verwandeln? Auf diese Frage gibt es keine allgemeingültige Antwort, weil jeder Christ, je nach seiner oder ihrer Aufgabe im Leben, Arbeitseinteilung, kulturellen Herkunft und Persönlichkeit eine persönliche Disziplin entwickeln muß. Es liegt in der Natur einer Disziplin oder Ordnung, sich den Bedürfnissen des einzelnen anzupassen, der ein Leben mit Christus leben will. Daher möchte ich anstatt einer allgemeinen Darstellung des kontemplativen Gebetes lieber ein Beispiel einer kontemplativen Übung geben in der Hoffnung, dadurch Anregung für verschiedene Gebetsmöglichkeiten für verschiedenartige Menschen zu geben.

Eine ganz einfache Disziplin für kontemplatives Gebet stellt das Lesen dar, und zwar jeden Abend vor dem Einschlafen die Lesung der Meßtexte für den nächsten Tag mit besonderer Konzentration auf das Evangelium. Oft hilft es, einen Satz oder ein Wort auszuwählen, das besonders tröstlich scheint und es einige Male zu wiederholen, um auf diese Weise mit dem einen Satz oder Wort sich den ganzen Inhalt zu vergegenwärtigen und allmählich vom Kopf in das Herz hinabsinken zu lassen.

Für mich war diese Übung in Krisenzeiten eine große Unterstützung. Sie ist besonders nachts eine Hilfe, wenn Sorgen und Ängste mich wachhalten und zum Götzendienst verführen wollen. Indem ich mich an das Evangelium erinnere oder an Worte aus dem Alten oder Neuen Testament, kann ich mir einen sicheren geistigen Ruhepunkt schaffen, zu dem ich meine ganzen Sorgen hinführen kann, damit sie dort in ruhiges Beten verwandelt werden.

Am folgenden Tag muß man sich eine bestimmte Zeit ausdrücklich zur Kontemplation reservieren. In dieser Zeit sollte man Christus betrachten, wie er in der Lesung erscheint. Der beste Weg dazu ist, das Evangelium des Tages noch einmal zu lesen und sich den Herrn vorzustellen, wie er zu seinem Volk spricht und mit ihm umgeht. In einer solchen Stunde können wir ihn sehen, hören, berühren und ihn unserem ganzen Wesen zugänglich machen. Wir können Christus als unseren Heiler, Lehrer und Führer sehen, können ihn in seiner Empörung erkennen, in seiner Barmherzigkeit, in seinem Leiden und in seiner Glorie. Wir können ihn ansehen, ihm lauschen und ein Gespräch mit ihm beginnen. Oft helfen die anderen Lesungen aus dem Alten und Neuen Testament, unser Bild von Christus zu intensivieren, weil, wie Vincent van Gogh einmal sagte, die Evangelien der Gipfel des Berges sind, dessen Abhänge die anderen biblischen Schriften bilden.

Diese Übung, eine „leere Zeit" zu haben, nur um mit Christus zusammenzusein, wenn er zu mir aus den Lesungen des Tages spricht, war für mich sehr hilfreich. Ich stellte fest, daß das Bild Christi, das ich während dieser „leeren Zeit" betrachtet habe, für den Rest des Tages, wo immer ich auch war und was ich auch tat, wie eine schöne Ikone bei mir blieb. Manchmal wurde es der bewußte Mittelpunkt aller meiner Gedanken, aber noch öfter war es eine schweigende Gegenwart, die ich nur indirekt wahrnahm. Am Anfang wurde mir der Unterschied kaum bewußt. Allmählich merkte ich jedoch, daß ich Christus, das Bild Gottes, bei mir tragen konnte und er seinen Einfluß nicht nur auf meine Gedanken und Reflexionen ausübte, sondern auch auf meine Tagträume. Ich bin sogar überzeugt, daß diese einfache Form täglicher Versenkung meine Träume schließlich wieder als Tore für Gottes andauernde Offenbarung öffnen wird.

Schließlich stellt diese Disziplin die Feier der Eucharistie in eine völlig neue Perspektive. Besonders bei der Feier am Abend, wird die Eucharistie zu einem wirklichen Höhepunkt, und der Herr, mit dem wir durch den Tag gereist sind, spricht zu uns im Rahmen der ganzen Gemeinschaft und lädt uns mit unseren Freunden ein in die Intimität seines Tisches. Dort findet die Verwandlung aller Bilder in das Bild Christi ihre höchste Verwirklichung. Dort findet die Einheit mit Christus, die in der Kontemplation erfahren wurde, ihre Vollendung. Tägliche Kontemplation macht die tägliche Eucharistiefeier zu einer verwandelnden Feier. Wenn wir den ganzen Tag mit Christus im Herzen und in der Seele leben, kann die Eucharistie nie zur bloßen Routine oder Pflicht werden. Sie wird stattdessen zur Mitte des täglichen Lebens, auf die hin sich alles ausrichtet.

> Eine meiner freudigsten Entdeckungen war, wie ich durch das tägliche kontemplative Gebet die Eucharistie als verwandelnde Kraft an mir wieder erlebte. Sie wurde wieder der Ort, von dem aus und zu dem hin ich leben möchte; und ich erkannte schließlich, daß selbst die privateste Form der Kontemplation letztlich Dienst an der ganzen Gemeinschaft ist.

Eine solche einfache Gebetsdisziplin kann viel dazu beitragen, einen festen Rahmen zu schaffen, um unseren unaufhörlichen Gedankenfluß in ein unaufhörliches Gebet zu verwandeln. Im kontemplativen Gebet kann Christus kein Fremder bleiben, der vor langer Zeit in einer fremden Welt lebte. Er wird vielmehr zur lebendigen Gegenwart, die uns erlaubt, hier und jetzt mit ihm ins Gespräch zu kommen.

Die kontemplative Übung, die ich hier beschrieben habe, ist nur eines von vielen Beispielen, und ich erwähne sie nur als eine Möglichkeit, die in die Richtung eines geordneten Gebetslebens weist. Wichtig ist nicht, diese oder jene Gebetstechnik anzuwenden, sondern zu erkennen, daß das christliche Ideal, unser ganzes Leben Gebet werden zu lassen, immer ein Ideal bleiben wird, wenn wir nicht bereit sind, unseren Körper, unseren Sinn und unser Herz durch tägliche Übung dahin zu bringen, direkt, bewußt und ausdrücklich in die Gegenwart unseres liebenden Vaters durch seinen Sohn Jesus Christus einzutreten.

Schluß

Ich habe zu zeigen versucht, daß unablässiges Beten nicht nur die ungewöhnliche Leistung eines einfachen russischen Bauern ist, sondern ein realistischer Auftrag für alle Christen. Es ist gewiß keine Lebensweise, die sich entweder automatisch ergibt, indem man sie sich wünscht oder leicht zu erreichen ist, indem man ab und zu betet. Wenn wir ihr aber ernsthafte Aufmerksamkeit schenken und eine geeignete Disziplin entwickeln, werden wir eine wirkliche Veränderung in unserem Leben feststellen, die uns immer näher zu Gott führt.

Unablässiges Gebet als eine beständige und gleichbleibende Geisteshaltung wird offenbar nie erreicht. Immer wird Aufmerksamkeit und Disziplin gefordert. Dennoch werden wir merken, daß viele der störenden Gedanken, die uns abzulenken drohen, in ein fortwährendes Lob Gottes verwandelt werden. Wenn wir mit wachsender Klarheit die Schönheit des Vaters durch seinen Sohn erkennen, werden wir entdecken, daß irdische Dinge uns nicht länger ablenken. Im Gegenteil, sie werden zu uns auf vielerlei Weise sprechen. Dann werden wir erkennen, daß Gebet nicht mehr und nicht weniger ist, als die ständige Übung der Gegenwart Gottes zu allen Zeiten und an allen Orten.

Die Worte des Apostels Paulus an die Christen von Thessalonich über das unablässige Gebet mögen uns zuerst als Überforderung und unrealistisch erschienen sein. Jetzt sehen wir, daß sie die Quelle einer ständig wachsenden Freude werden können. Schließlich ist es nicht nur Paulus, sondern Gott selbst, der uns auffordert, unser Leben verändern zu lassen. Deswegen schreibt der Apostel: „Betet ohne Unterlaß und dankt für alles, denn das will Gott von euch, die ihr Christus Jesus gehört" (1 Thess 5,17).

IV

Kontemplation und priesterlicher Dienst

Einführung

Durchaus zu Recht wird Rom eine Stadt der Statuen genannt. Man geht durch die Straßen und steht immer wieder vor Marmorfiguren, die daran erinnern, daß wir in der Schule der Geschichte zu den Erstsemestern zählen. Einige dieser Gestalten wirken verspielt, andere grimmig, einige schön, andere häßlich, einige sinnenfreudig und andere vergeistigt. Auf einem dieser Spaziergänge kam ich zu dem kleinen steinernen Elefanten, der einen ägyptischen Obelisken auf dem Rücken trägt. Als ich das anmutige Tier betrachtete, fiel mir eine Geschichte ein.

Es war einmal ein Bildhauer, der einen großen Marmorblock kräftig mit Hammer und Meißel bearbeitete. Ein kleiner Junge guckte zu, sah aber nur große und kleine Steinsplitter nach rechts und links herunterfallen. Er hatte keine Ahnung, was da vor sich ging. Als aber der Junge einige Wochen später wieder in die Werkstatt kam, erblickte er zu seinem großen Erstaunen einen mächtigen Löwen auf dem Platz, wo zuvor der Marmorblock gestanden hatte. Aufgeregt lief der Junge zu dem Bildhauer und sagte: „Sir, sagen Sie mir, woher Sie wußten, daß ein Löwe in dem Marmor steckte?" (Eine Geschichte, die durch Thomas Hora's „Existential Metapsychiatry" angeregt wurde [1977] S. 20).

Die Bildhauerkunst ist zunächst eine Kunst des Sehens. In einem Marmorblock sah Michelangelo eine liebende Mutter, die ihren toten Sohn im Schoß hielt; in einem anderen sah er einen selbstsicheren

David, entschlossen, seinen Stein auf den näherkommenden Goliath zu schleudern; und in einem dritten sah er einen zornigen Moses, der sich gerade ärgerlich von seinem Sitz erhebt. Darstellende Kunst ist in der Tat eine Kunst des Sehens und Disziplin ist der Weg, das Gesehene sichtbar zu machen. Also ist der begabte Künstler ein Befreier der Figuren, die Millionenjahre im Marmor verborgen und gefangen waren und nie ihre wahre Identität enthüllen konnten.

Das Bild des Künstlers bietet uns ein aufschlußreiches Beispiel für die Beziehung zwischen Kontemplation und geistlichem Dienst. Meditieren heißt *sehen* und geistlicher Dienst heißt *sichtbar machen;* kontemplatives Leben ist ein Leben mit einer Vision und als Geistlicher leben heißt, diese Visionen anderen enthüllen.

Die Schriften des Evagrius Ponticus, einer der Wüstenväter, der großen Einfluß auf die monastische Spiritualität in Ost und West hatte, brachten mich auf diese Definition. Evagrius nennt Kontemplation eine *Theoria physike,* das heißt Vision *(theoria)* der Natur der Dinge *(physike).* Der kontemplative Mensch sieht die Dinge so, wie sie wirklich sind, er sieht die wirklichen Zusammenhänge, er erkennt – wie Thomas Merton zu sagen pflegte – „den Clou". Um zu einer solchen Vision zu kommen, braucht man eine geistliche Disziplin. Evagrius nennt diese Disziplin *Praktikos.* Man muß die Binde von den Augen, die uns am klaren Sehen hindert, abnehmen. Merton, dem die Art des Evagrius zu denken sehr vertraut war, drückte das gleiche aus, als er in einer

Konferenz mit den Mönchen der Gethsemani Abtei sagte, das kontemplative Leben sei ein Leben, in dem wir uns ständig zwischen Undurchsichtigkeit und Transparenz bewegen, von dem Ort, wo die Dinge dunkel, massig, undurchdringlich und verschlossen sind, hin zu dem Ort, wo diese gleichen Dinge durchscheinend und offen sind und eine Sicht weit über sie hinaus ermöglichen.

In der folgenden Betrachtung möchte ich zunächst die verschiedenen Ebenen beschreiben, auf denen sich diese Bewegung von der Undurchsichtigkeit zur Transparenz vollzieht, um deutlich zu machen, daß alles Leben eine *Theoria physike* werden kann, eine Vision von der Natur der Dinge. Darauf möchte ich den *Praktikos* erforschen, die konkrete Disziplin der Kontemplation, die diese Bewegung von der Undurchsichtigkeit zur Transparenz unterstützen muß, wenn sie lebendig bleiben soll. Dadurch werden wir, wie ich hoffe, erkennen, daß die Beziehung zwischen Kontemplation und geistlichem Dienst so innig ist wie die Beziehung zwischen der Vision und der Disziplin des Bildhauers.

Das kontemplative Leben

Das kontemplative Leben, wie Evagrius es beschreibt, ist ein Leben, in dem wir beginnen, unsere Welt als eine transparente Welt zu sehen, eine Welt, die über sich hinausweist und uns auf diese Weise ihre wahre Natur offenbart. So wie ein Fenster kein wirkliches Fenster sein kann, wenn wir nicht hindurchschauen können, kann uns unsere Welt nicht ihr wahres Gesicht zeigen, wenn sie undurchsichtig bleibt und nicht über sich selbst hinausweist. Ich möchte zeigen, wie wichtig es für uns ist, daß wir uns ständig aus der Undurchsichtigkeit in die Transparenz bewegen, indem ich drei zentrale Beziehungen anführe: unser Verhältnis zur Natur, zur Zeit und zu den Menschen.

Natur

In den letzten Jahrzehnten ist uns die entscheidende Bedeutung unserer Beziehung zur Natur besonders bewußt geworden. So lange wir Bäume, Flüsse, Berge, Felder und Meere als Besitz ansehen, können wir sie nach unseren wirklichen oder erfundenen Bedürfnissen manipulieren; dann bleibt die Natur undurchsichtig und offenbart uns nicht ihr wahres Wesen. Wenn ein Baum nicht mehr ist als ein potentieller Stuhl, erfahren wir wenig von Wachstum und Entfaltung; ist ein Fluß nichts weiter als Abladeplatz für industriellen Müll, ist von Bewegung und Strömung nicht mehr die Rede; und wenn eine Blume nur noch Schablone für eine Plastikdekoration ist, vermag sie nicht mehr viel über die einfache Schönheit des Lebens auszusagen. Wenn wir uns auf die Natur in erster Linie als einen zu benutzenden Besitz beziehen, wird sie undurchsichtig – eine Undurchsichtigkeit, die in unserer Gesellschaft als Umweltverschmutzung in Erscheinung tritt. Die schmutzigen Flüsse, der smogverdunkelte Himmel, die von Stollen durchzogenen Hügel und die verwüsteten Wälder sind traurige Zeichen unseres falschen Umgangs mit der Natur.

Wir haben die schwierige und vordringliche Aufgabe zu erkennen, daß die Natur nicht in erster Linie ein Besitz ist, den es auszunützen gilt, sondern ein Geschenk, das man bewundert und dankbar in Empfang nimmt. Nur wenn wir uns ehrfüchtig vor Flüssen, Meeren, Hügeln und Gebirgen, die uns Heimat schenken, verneigen, nur dann können sie durchsichtig werden und uns ihre wahre Bedeutung enthüllen.

Ein Freund gab mir einmal ein schönes Foto einer Seerose. Ich fragte ihn, wie es ihm gelungen sei, dieses wunderbare Bild aufzunehmen. Lächelnd antwortete er: „Ich mußte sehr geduldig und zuvorkommend warten und ihr eine geraume Zeit den Hof machen, ehe sie einwilligte, sich fotografieren zu lassen."

Die Natur verbirgt große Geheimnisse, die sich uns nicht auftun, wenn wir nicht aufmerksam und geduldig lauschen. John Henry Newman sieht die Natur als Vorhang, hinter dem eine unsichtbare Welt erahnt werden kann. Er schreibt:
„Die sichtbare Welt ist ... der Vorhang vor der unsichtbaren Welt ..., so daß alles, was sichtbar existiert oder geschieht, ein System von Personen, Tatsachen und Ereignissen verbirgt und doch andeutet und vor allem fördert, das jenseits dieser Welt ist" (Essays Critical and Historical, Vol. II, S. 192).

Wie anders würden wir leben, wären wir uns dieses Vorhanges immer bewußt und spürten wir in unserem ganzen Sein, daß die Natur uns bittet, die große Geschichte von Gottes Liebe, auf die sie hinweist, zu hören und zu sehen. Pflanzen und Tiere, mit denen wir zusammenleben, lehren uns Geburt, Wachstum, Reife und Tod verstehen, ebenso wie die Notwendigkeit behutsamer Pflege und besonders die Bedeutung von Geduld und Hoffnung. Und noch nachdrücklicher weisen Wasser, Öl, Brot und Wein über sich hinaus und hin auf die große Geschichte unserer Neuerschaffung.

Leider glauben wir heute nicht mehr an den Dienst der Natur für uns. Wir beschränken Dienst sehr schnell auf das Wirken von Menschen für Menschen. Doch wir könnten unserer Welt einen großen Dienst erweisen, wenn wir der Natur wieder erlauben, zu heilen, zu lehren und Rat zu geben. Ich frage mich oft, ob die glatte Künstlichkeit und Häßlichkeit, in der viele Menschen leben müssen, nicht genau so schlimm, wenn nicht gar schlimmer zu ertragen sind als ihre zwischenmenschlichen Probleme.

> Ich habe diese schmerzliche Wahrheit bei meinem Dienst bei älteren Menschen erfahren. Viele alte Leute leiden unter der Häßlichkeit ihrer Umgebung. Man könnte viel zu ihrem Wohlbefinden beitragen, wenn man ihnen helfen würde, ihr Heim und ihre Räume etwas zu verschönern. Mit lebenden Pflanzen, die wie sie selbst wachsen und sterben und wie sie nach Pflege und Zuwendung verlangen, könnte das Leben der Alten weniger einsam sein. Zwischen Pflanzen und Menschen

spielt sich sehr viel mehr ab, als wir merken. Möglicherweise haben lebende Blumen, über die und mit denen wir sprechen können, mehr heilende Kräfte als wohlgewählte Worte über die Bedeutung von Leben und Tod.

Diejenigen, die empfänglich sind für die riesigen ökologischen Probleme unserer Zeit und sich bemühen, die Undurchsichtigkeit der Natur etwas aufzuhellen, erfüllen einen wirklichen Dienst, denn sie ermöglichen es damit nicht nur Menschen, sondern auch Pflanzen und Tieren, den Kreislauf des Lebens zu lehren, Einsame zu heilen und von der großen Liebe des Herrn zu sprechen. Wenn wir also in unserer Beziehung mit der Natur die Undurchsichtigkeit durchdringen und zur Transparenz gelangen, sind wir damit auch offen für eine tiefere Kontemplation der uns umgebenden Welt und erweitern unseren Dienst des Lehrens, Heilens und der Anbetung.

Zeit

Auch unser Verhältnis zur Zeit fordert von allen, die ein kontemplatives Leben anstreben, eine ständige Bewegung von der Undurchsichtigkeit hin zur Transparenz. Immer wieder droht die Zeit zu unserem Feind zu werden. In der heutigen Gesellschaft scheint oft nicht das Geld, sondern die Zeit uns in Fesseln zu schlagen. Wir sagen: „Ich wünschte, ich könnte alle die Dinge tun, die ich tun müßte, aber ich habe einfach keine Zeit. Allein der Gedanke an das, was ich heute tun sollte – fünf Briefe schreiben, einen Freund besuchen, auf meinem Musikinstrument üben, ein Telefongespräch führen, unterrichten, eine Arbeit abschließen, meine Meditationsübungen halten – der bloße Gedanke daran macht mich schon müde."

Viele Menschen spüren offensichtlich, daß nicht länger sie die Zeit im Griff haben, sondern umgekehrt. Sie erfahren sich als Opfer eines ständigen Termindruckes, pünktlich fertig zu sein, Fristen einzuhalten. Am häufigsten hört man die Entschuldigung: „Es tut mir leid, aber ich habe keine Zeit." Die ständig wiederholte Bitte lautet: „Ich weiß, wieviel Sie zu tun haben, aber haben Sie eine Minute Zeit?" Und die wichtigsten Entscheidungen werden oft bei einem schnellen Lunch getroffen oder, um einen noch treffenderen Ausdruck zu gebrauchen: „während man einen Bissen herunterschlingt." Ein sonderbares Gefühl, gehetzt zu werden, beherrscht das Leben vieler Menschen. Die Zeit, die vor uns liegt, scheint so vollgestopft, daß wir uns fragen: „Wer oder was treibt mich eigentlich? Ich bin offenbar so beschäftigt, daß mir keine Zeit bleibt zu leben."

All das zeigt, wie undurchsichtig die Zeit geworden ist, wie dunkel und undurchdringlich. Es geht um eine Zeit, die als *Chronos* erfahren wird. Leben ist nichts weiter als eine Chronologie, eine beliebig ablaufende Reihe von Umständen und Zufällen, über die wir keine Kontrolle haben. Leben auf diese Weise zu erfahren, kann zu einem Gefühl des Fatalismus führen, der sich oft in Langeweile äußert. Langeweile bedeutet nicht, nichts zu tun zu haben oder Mangel an Abwechslung, sondern zermürbt zu werden von dem Gefühl, alles, was wir sagen oder tun, sei unerheblich. Es ist das Gefühl, die wahren Entscheidungen würden sowieso ohne unser Zutun getroffen.

Langeweile ist daher ein Symptom dafür, daß man Zeit als *Chronos* erlebt. Das Paradoxe an *Chronos* ist, daß gerade, wenn wir es eilig haben, übermäßig geschäftig sind und hektisch Termine einhalten wollen, wir dem Gelangweiltsein am meisten ausgesetzt sind. Das zeigt, wie undurchsichtig Zeit für uns geworden ist.

Das kontemplative Leben ist ein Leben, in dem Zeit allmählich ihre Undurchsichtigkeit verliert und durchsichtig wird. Das erweist sich oft als ein sehr langwieriger und schwieriger Prozeß, in dem jedoch viel neue schöpferische Kraft steckt. Beginnt man einzusehen, daß die vielen Ereignisse, die unsere Tage, Wochen und Jahre ausfüllen, unserer Suche nach einem erfüllten Leben nicht im Wege stehen, sondern gerade der Weg dorthin sind, erfahren wir eine wirkliche Umkehr. Wenn wir allmählich merken, daß Briefe schreiben, Unterricht geben, Menschen besuchen und Essen zubereiten nicht einfach beliebige Ereignisse sind, die uns davon abhalten, unser eigentliches Selbst zu entdecken, sondern in sich die verwandelnde Kraft haben, die wir suchen, dann beginnen wir, uns von der Zeit als *Chronos* hinzubewegen zu einer Zeit, die als *Kairos* erfahren wird. *Kairos* bedeutet *die* Chance. Es ist die richtige Zeit, der richtige Augenblick, die Chance unseres Lebens. Wenn unsere Zeit *Kairos* wird, eröffnet sie uns unendliche neue Möglichkeiten und immer wieder eine Gelegenheit, einen inneren Wandel zu vollziehen.

Im Leben Jesu wird jedes Ereignis zum *Kairos.* Er beginnt sein öffentliches Wirken mit den Worten: „Die Zeit ist erfüllt" (Mk 1,15), und er erlebt jeden Augenblick dieser Zeit als Chance. Schließlich verkündet er, daß seine Zeit nahe ist (Mt 26,45) und tritt ein in seine letzte Stunde als *der Kairos.* Indem er das tut, befreit er die Geschichte von ihrer fatalistischen Chronologie.

Das ist wirklich eine frohe Botschaft, denn nun wissen wir, alle Ereignisse im Leben, selbst so unbegreifliche wie Krieg, Hunger und Überschwemmung, Gewalt und Mord sind nicht unabänderliche Schicksalsschläge, sondern bergen in sich die Möglichkeit, zu *dem* Augenblick des Wandels zu werden. Dann erweist sich das, was zunächst nur umherfliegende Marmorsplitter zu sein schienen, als notwendige und schmerzhafte Beseitigung dessen, was uns bisher das wahre Bild Gottes verstellte. Dann brauchen wir nicht länger aus der Gegenwart wegzulaufen, um den Ort zu suchen, wo wir hoffen, das eigentliche Leben zu finden. Mitten in der Gegenwart können wir die erste Kundgabe des Königreiches sehen. Dann gibt es keine Langeweile mehr, weil jeder Augenblick unendliche Bedeutung erlangt. Dann wird Zeit tatsächlich transparent.

Das kontemplative Leben ist somit kein Leben, das einige wenige gute Augenblicke unter vielen schlechten beschert, sondern ein Leben, in dem unsere Zeit in ein Fenster verwandelt wird, durch das die unsichtbare Welt sichtbar wird.

Es gehört zum innersten Wesen allen geistlichen Dienstes, Zeit transparent zu machen, um in den jeweiligen Lebenssituationen erkennen zu können, daß unsere Stunde Gottes Stunde ist und von daher alle Zeit *Kairos*. Für alle, die leiden müssen, besonders die Armen und Alten oder diejenigen, die physisch oder geistig eingekerkert sind, ist Fatalismus eine Versuchung. Wenn wir seine Ketten zerbrechen können und anderen erkennen helfen, was tatsächlich in ihrem Leben vor sich geht, dann bringen wir den Armen wahrhaft gute Nachricht, den Blinden neue Augen und den Gefangenen Freiheit (Lk 4, 18).

Menschen

Die dritte Beziehung, die den kontemplativen Menschen einlädt, von der Undurchsichtigkeit hin zur Durchsichtigkeit zu gelangen, betrifft unser Verhältnis zu Menschen. Hier wird die Bedeutung der Kontemplation als *Theoria physike* – nämlich die richtigen Zusammenhänge zu erkennen – noch mehr offenbar als in den vorangegangenen Beziehungen. Oft sind wir versucht, mit Menschen in Beziehung zu treten, weil sie uns interessant erscheinen, weil uns ihre besonderen Fähigkeiten auffallen. Immer wieder sind wir fasziniert von ungewöhnlichen Leuten, seien es Filmstars oder Verbrecher, Sportskanonen oder Mörder, Nobelpreisträger oder Sonderlinge. Manchmal werden wir instinktiv von solchen aus dem Rahmen fallenden Individuen angezogen. Wir möchten sie kennenlernen, ihnen die Hand schütteln, ihr Autogramm besitzen oder sie einfach anstarren. Magazine und Illustrierten verdienen Millionen Dollar, weil sie die menschliche Neugier gegenüber allem Menschlichen befriedigen, und die Titelseiten der meisten Zeitungen bringen immer weniger Nachrichten und immer mehr Berichte über neue Rekorde menschlicher Absonderlichkeiten, positiver wie negativer.

Solange Menschen für uns nicht viel mehr sind als interessante Charaktere, bleiben sie undurchsichtig. Bestimmt wird niemand, auf den wir zugehen, weil wir ihn für interessant halten, uns in sein Inneres sehen lassen. Im Gegenteil, eine Charakterisierung wird oft als einengend und begrenzend empfunden und veranlaßt die Menschen, sich zu verschließen und zu verstecken. Besonders auf dem Feld der charitativen Berufe ist die Versuchung, Menschen in einfache Sparten einzuordnen, groß, weil es uns die Illusion gibt, Verständnis zu haben. Nicht nur psychiatrische Etiketten wie „neurotisch", „psychopathisch" oder „schizophren", sondern auch religiöse wie „Ungläubiger", „Heide", „Sünder", „progressiv", „konservativ", „liberal" und „orthodox" können uns ein falsches Gefühl von Verständnis vermitteln, das mehr über unsere eigenen Unsicherheiten aussagt als über das wahre Wesen unserer Nächsten.

Unsere große Aufgabe ist es, nicht etwa aus Angst unseren Mitmenschen einen Stempel aufzudrücken, sondern sie als Personen zu sehen. Das Wort „Person" kommt von *per-sonare,* und das bedeutet „Hindurch-tönen". Wir sind in unserem Leben aufgerufen, in wachsendem Maße zu Personen zu werden, durch die eine höhere Wirklichkeit „hindurchtönt" und sich anderen mitteilt, als uns selbst bewußt ist: eine Liebe, eine Wahrheit, eine Schönheit, die größer, tiefer und reicher ist als das, was wir in uns selbst fassen können. Als Personen sind wir aufgerufen, füreinander durchsichtig zu sein, über unser eigenes Wesen hinauszuweisen auf ihn, der uns seine Liebe, Wahrheit und Schönheit gegeben hat.

> Wenn jemand zu einem sagt, „Ich liebe dich" oder „Du hast mich tief gerührt" oder „Ich bin dir dankbar", empfindet man oft eine Abwehrreaktion und fragt sich, was denn so Besonderes an einem sei. Man sagt sich oder denkt, „Gibt es nicht viele andere Menschen, die liebenswerter und intelligenter sind als ich?" Dabei vergißt man jedoch, daß man ja eine Person ist, ein Mensch, durch den etwas für andere hindurchtönt, das größer und tiefer ist, als man selbst vernimmt.

Kontemplation als *Theoria physike,* also als Gewahrwerden dessen, was wirklich da ist, hat große Bedeutung in bezug auf die zwischenmenschlichen Beziehungen. Obgleich wir selbst nicht hören können, was aus uns hindurchtönt, vernehmen es doch die anderen. Das heißt, wir werden unserer wahren Gaben nur bewußt, wenn sie von den Empfängern erkannt und bestätigt werden.

Hier beginnen wir zu begreifen, wie eng Kontemplation und geistlicher Dienst zusammenhängen. Kontemplation ermöglicht uns, die Gaben jener zu erkennen, deren Diener wir sind, und seelsorglicher Dienst ist in erster Linie Aufnahme und Bestätigung dessen, was wir aus ihnen heraustönen hören, so daß sie selbst ihre eigenen Talente kennenlernen. Gibt es einen schöneren Dienst, als anderen zu helfen, sich der Liebe, Wahrheit und Schönheit bewußt zu werden, die sie uns offenbaren?

Wir leben in einer Zeit, in der viele Menschen ihren Selbstwert bezweifeln und oft nahe daran sind, sich selbst abzulehnen und dadurch zum Selbstmord getrieben werden können. Es kann wirklich lebensrettend sein, wenn wir bei diesen leidenden Menschen die Talente entdecken, die darauf warten, gemeinsam genutzt zu werden.

Unzählige Menschen leiden unter ihrer Unfähigkeit, etwas geben zu können. Junge Leute haben oft das Gefühl, wenig oder nichts zu wissen; Erwachsene bezweifeln, einen wirklichen Beitrag leisten zu können; und Millionen Menschen auf der ganzen Welt fragen sich, ob sie überhaupt irgend jemandem etwas bedeuten. Wie schön ist also ein Dienst, der die verborgenen Gaben von Menschen weckt und mit ihnen gemeinsam die Liebe, Wahrheit und Schönheit feiert, die sie uns zum Geschenk machen. Geistlicher Dienst und Kontemplation bereichern sich also gegenseitig und führen zu einer immer größeren Freude, denn Gott hört nicht auf, sich in dem wechselvollen Leben von Menschen zu offenbaren.

Wir sehen also, wie Kontemplation eine dauernde Bewegung von Undurchsichtigkeit hin zu Durchsichtigkeit erfordert, d.h. die Abkehr von einer Natur, die als Eigentum begriffen wird und die Hinwendung zur Natur als einem Geschenk, das man mit Bewunderung und Dankbarkeit empfängt. Es ist die Abkehr von der Zeit als einer willkürlichen

Ansammlung von Ereignissen und Zufällen und das Sehnen nach der Zeit, die die Chance zu stetiger Veränderung bietet. Zu dieser Bewegung gehört es, Menschen nicht mehr als interessante Charaktere zu betrachten, sondern sich ihnen als Personen zuzuwenden, durch die mehr hindurchtönt, als sie selbst fassen können. Das heißt nicht, Natur sei nie Eigentum, Zeit nie *Chronos,* und Menschen könnten nie interessante Charaktere sein.

Wenn wir unsere Welt aber nur unter diesen Aspekten sähen, bliebe sie undurchsichtig und wir würden nie den wirklichen Zusammenhang der Dinge erkennen. Wenn es uns jedoch allmählich gelingt, die Binde vor unseren Augen zu entfernen, und die Natur als Geschenk, die Zeit als *Kairos* und die Menschen als Personen zu sehen, werden wir begreifen, daß unsere ganze Welt ein Sakrament ist, das uns ständig Gottes Liebe offenbart. Das alles umfaßt die *Theoria physike,* von der Evagrius sprach.

Kontemplatives Gebet

Der Löwe im Herzen

Wenden wir uns nun der Praxis des kontemplativen Gebets zu. Betrachten wir die *Theoria physike,* ohne dabei die *Praktikos* einzubeziehen, kämen wir allzuleicht zu einer romantischen Sicht von Kontemplation und ihrer Beziehung zum geistlichen Dienst. Kontemplation ist tatsächlich eine Lebensweise, in der die ganze Schöpfung – Natur, Zeit und Menschen – transparent wird und zu uns von Gott und seiner Liebe spricht. Diese allumfassende Auffassung von Kontemplation könnte jedoch nahelegen, daß geistlicher Dienst und Kontemplation schlicht dasselbe sind. Das wäre allerdings eine grobe Vereinfachung. Wenn wir sagen: „Meine Arbeit ist mein Gebet", vergessen wir, daß der Vorgang des Sehens ein gut geschultes Auge erfordert.

Die Frage des kleinen Jungen an den Bildhauer ist eine ganz konkrete Frage, vielleicht die wichtigste aller Fragen: „Sir, sagen Sie mir, woher wußten Sie, daß ein Löwe in dem Marmorblock steckte?"

Woher wissen wir, daß Gott durch den Vorhang der Natur sichtbar werden kann? Wie kommen wir zu der Einsicht, daß unsere Zeit immer wieder zu der Chance werden kann, eine Änderung in unserem Herzen zu vollziehen? Woher wissen wir, daß Menschen mehr aus sich heraus tönen können, als sie selbst es hören? All das liegt nicht offen zu Tage. Für die meisten Menschen ist die Welt sehr undurchsichtig. Sie sehen nichts anderes in dem Marmor als einen dicken unzugänglichen Steinblock. Sind wir dann doch nur Romantiker, Menschen, die die harten Tatsachen des Lebens nicht sehen wollen, sondern nur das wahrnehmen, was sie wahrnehmen wollen?

Hier berühren wir die zentrale Frage unseres geistlichen Lebens und unseres Dienstes. Gibt es einen Löwen im Marmor? Gibt es einen Gott in dieser Welt? Oder ist unser geistliches Leben nichts weiter als Wunschdenken und unser Dienst nichts anderes als eine kollektive Illusion, in der jedermann Gott sieht, aber niemand die harte Realität unseres täglichen Lebens? Sehen wir einen Löwen im Marmor, aber erkennen nicht, daß er uns eigentlich den Weg versperrt?

Es *gibt* eine Antwort auf die Frage des Jungen, eine Antwort, die vielen ein Ärgernis ist und nur wenigen vernünftig erscheint. Die Antwort lautet: „Ich wußte, daß ein Löwe im Marmor steckte, weil ich ihn schon in meinem Herzen sah, ehe ich ihn im Marmor erblickte. Das Geheimnis liegt darin, daß der Löwe in meinem Herzen den Löwen im Marmor erkannte."

Die Praxis des kontemplativen Gebetes ist die Disziplin, durch die wir Gott in unserem Herzen zu sehen beginnen. Indem wir ihm, als dem Mittelpunkt unseres Seins ständige Aufmerksamkeit entgegenbringen, erlauben wir ihm, von all unseren Sinnen Besitz zu ergreifen. Durch die Disziplin des Gebetes öffnen wir uns für den Gott in uns und lassen ihn eintreten in unseren Herzschlag und in unser Atmen, in unsere Gedanken und Gefühle, unser Hören, Sehen, Berühren und Schmecken. Weil wir uns dem Gott in uns öffnen, können wir ihn in der Welt um uns sehen.

Das große Geheimnis des kontemplativen Lebens besteht nicht darin, Gott in der Welt zu sehen, sondern daß der Gott in uns den Gott in der Welt erkennt. Gott spricht zu Gott, Geist zu Geist, Herz zu Herz. Daher ist Kontemplation ein Teilhaben an dieser göttlichen Selbsterkenntnis. Es ist der göttliche Geist, der in uns betet, der unsere Welt transparent macht und unsere Augen für die Gegenwart des göttlichen Geistes in allem, was uns umgibt, öffnet.

Mit unserem innersten Herzen sehen wir das Herz der Welt. Das erklärt die innige Beziehung zwischen Kontemplation und geistlichem Dienst.

Der Heilige Franziskus sprach mit der Sonne, dem Mond und den Tieren nicht deshalb, weil er ein naiver Romantiker war, sondern weil seine asketische Disziplin ihn für den Gott in seinem Herzen wach gemacht und ihm die Augen geöffnet hatte, den Herrn zu sehen, in allem, was ihn umgab. Die Kleinen Brüder und Schwestern Jesu tun ihre unauffällige und oft monotone Arbeit freudig, nicht, weil sie die tatsächlichen Bedingungen, unter denen sie arbeiten, nicht sehen, sondern weil sie mitten in dieser Plagerei den Gott erkennen, dessen liebende Fürsorge sie in der Stunde der Anbetung spürten. Die Missionarinnen der Nächstenliebe erfahren Gottes Gegenwart mitten unter den Ärmsten der Armen, weil sie seine Gegenwart in der Intimität ihrer Kontemplation erkannten. Und daher findet jeder wahre geistliche Dienst seinen Ursprung in einem gut eingeübten Herzen, das Gottes Gegenwart schon vorher erfahren hat.

Um Gott in der Welt zu sehen, muß man ihn durch das Herz erkennen. Gott durch das Herz zu erkennen, ist das Ziel einer kontemplativen Disziplin. Es ist eine sehr harte Disziplin, vor allem für die unter uns, die zu den „ungestümen" Leuten gehören. Wenn wir es aber mit der Aufgabe als Geistlicher ernst meinen, müssen wir bereit sein, uns auf den zähen und oft verzweifelten Kampf einzulassen, alle unsere intellektuellen Verteidigungslinien zu durchbrechen und unseren Gott durch das Herz zu erkennen.

Einfach und gehorsam

Die Härte dieses Kampfes darf nicht unterschätzt werden. Umgeben von Büchern, Dokumenten und Professoren, überschwemmt von Vorträgen, Gesprächen, Vorführungen, Plaudereien und Geschwätz, sind wir ständig in Gefahr, daß Gottes Wort im Netz unserer klugen Haarspaltereien, wortreichen Argumente und bloßen Rederei hängen bleibt. Als Verkünder von Gottes Wort brauchen wir dringend die Disziplin des kontemplativen Gebetes. Die zwei wichtigsten Merkmale des kontemplativen Gebetes sind dabei Einfachheit und Gehorsam.

Unsere Meditation sollte in erster Linie einfach, sehr einfach sein. Kontemplatives Gebet läßt das Wort Gottes von unserem Kopf in unser Herz hinuntersteigen, wo es fruchtbar werden kann. Deswegen ist es wichtig, alle langen inneren Überlegungen und Selbstgespräche zu vermeiden und sich ruhig auf ein Wort oder einen Satz zu konzentrieren. Dann müssen wir es wiederkäuen, es leise vor uns hinsagen, darauf herumkauen, es aufessen, so daß wir in unserem Innersten wirklich seine Kraft spüren.

Zweitens sollte unser Gebet gehorsam sein. Das Wort „Gehorsam" kommt von dem Wort *audire,* d.h. zuhören. Kontemplatives Gebet verlangt Zuhören, Gott zu uns sprechen zu lassen, wann und wie er will. Das fällt uns schwer, gerade weil es bedeutet,

Gott das sagen zu lassen, was wir vielleicht nicht hören wollen. Doch wenn wir lange und aufmerksam hinhorchen, wird sich Gott uns als eine sanfte Brise oder eine ruhige leise Stimme offenbaren; er wird sich uns voll Mitleid zuwenden. Ohne diesen Gehorsam, ohne dieses Horchen auf den Gott in unserem Herzen, bleiben wir taub und unser Leben wird absurd. Das Wort „absurd" schließt den Ausdruck *surdus* ein, und das bedeutet taub. Ein absurdes Leben ist das Gegenteil des gehorsamen Lebens.

Mit Hilfe des einfachen und gehorsamen Gebetes lernen wir also Gott mit dem Herzen kennen. Wenn wir ihn in unserem Herzen kennen, werden wir ihn auch in unserer Welt wiederfinden, der Natur, der Geschichte, den Menschen.

Die Disziplin des kontemplativen Gebetes ist die Grundlage eines kontemplativen Lebens. Vielleicht verstehen wir jetzt besser, daß diese gleiche Disziplin auch allen geistlichen Dienst stützt und festigt.

Schluß

In diesem Kapitel habe ich versucht, der *Theoria physike,* der Vision der Natur der Dinge, und der *Praktikos,* der Disziplin des Gebetes eine zeitgemäße Bedeutung zu geben. Ich habe *Theoria physike* kontemplatives Leben genannt und *Praktikos* kontemplatives Gebet. Zum Schluß möchte ich darauf hinweisen, daß nach Evagrius *Praktikos und Theoria physike* ihren Höhepunkt in der *Theologia* finden. Diese *Theologia* ist die unmittelbare Erkenntnis Gottes, die zu der Kontemplation der Heiligsten Dreifaltigkeit führt. Hier gehen wir über die Praxis des kontemplativen Gebetes hinaus, ja sogar über die Vision der Natur der Dinge und treten ein in eine sehr intime Gemeinschaft mit Gott selbst. Diese *Theologia* ist das größte Geschenk, die Gnade einer vollkommenen Einheit, einer Ruhe und eines Friedens. Sie ist die höchste Stufe geistlichen Lebens, auf der die geschaffene Welt transzendiert wird und wir direkt erfahren, unser Sein in Gottes inneres Leben aufzusteigen. Bei dieser Erfahrung brauchen wir nicht mehr zwischen geistlichem Dienst und Kontemplation zu unterscheiden, da es hier keine verbundenen Augen mehr gibt, sondern alle sehend geworden sind.

Diese *Theologia* ist die Berg-Tabor-Erfahrung in unserem Leben, eine Erfahrung, die nur wenigen zuteil wird, und auch sie müssen in das Tal zurückkehren mit dem Gebot, niemandem davon zu sagen, was sie gesehen haben. Die meisten von uns verbringen den größeren Teil ihres Lebens nicht auf dem Gipfel, sondern im Tal. Und in diesem Tal sind wir aufgerufen, kontemplative Diener zu sein.

Zu Beginn dieses Kapitels erzählte ich die Geschichte von dem Jungen und dem Bildhauer. Sie sollte ein Gleichnis sein und eine Hilfe, die enge Verbindung zwischen geistlichem Dienst und Kontemplation zu erkennen. Ich schließe in der Hoffnung, daß wir nicht nur den Mut finden mögen, die Binden vor unseren Augen zu entfernen und Gottes

Gegenwart in diesem Tal der Tränen aufzuzeigen, sondern auch die Freude, Gottes Gnade darin zu erkennen, wenn jemand uns begierig fragt: „Sir, sagen Sie mir, woher wußten Sie, daß ein Löwe in dem Marmor war?" Jedes Mal, wenn diese Frage gestellt wird, erfahren wir von neuem, wo unser geistlicher Dienst beginnt.

Nachbemerkung
Weiß angemalte Gesichter

Die vier Kapitel dieses Buches wurden geschrieben als Antwort auf einige ganz konkrete Fragen von Männern und Frauen aus dem englischen Sprachraum, die in Rom leben. Wenn ich diese Überlegungen noch einmal betrachte und versuche, sie als Ganzes zu sehen, meine ich, sie könnten auch über den Kreis der Fragenden hinaus Bedeutung haben. Ich frage mich, ob nicht jeder Mensch irgendwo und irgendwann den Wunsch nach Alleinsein verspürt hat, nach einem inneren Freiraum, nach Gebet und Kontemplation. Haben nicht alle Männer und Frauen das dringende Verlangen, allein mit Gott zu sein, Raum für ihn zu schaffen im Mittelpunkt ihres Lebens, alle Nöte der Welt zu ihm emporzuheben und klarer zu erkennen, wo er sich uns offenbart? Meistens bleiben diese Wünsche und Bedürfnisse verborgen oder werden schnell verdrängt durch unsere Verpflichtungen und Verbindlichkeiten, aber offenbar verschwinden sie nie ganz. Vor allem in den letzten Jahrzehnten sind sich viele Menschen ihrer „anderen Seite" bewußter geworden und haben die Hoffnung geäußert, Anleitung zu finden, um diese Seite mehr in ihr Bewußtsein zu rücken.

Einsamkeit, Zölibat, Gebet und Kontemplation haben ihren Wert für alle Menschen, aber einige Männer und Frauen sind in hervorragender Weise dazu berufen, diese Werte sichtbar zu machen und sie besonders zu hüten und zu bewahren. Wenn diese Werte glaubwürdig und selbstlos vorgelebt werden, dann tritt keine spirituelle Virtuosität hervor, die nur für einige wenige Auserwählte gut ist, sondern eine Lebensweise, die viele anspricht.

Neben den aufregenden Leistungen der Helden dieser Welt braucht man unbedingt Clowns, Menschen, die durch ihr nicht-hektisches, einsames Leben in Gebet und Kontemplation uns unsere „andere Seite" aufzeigen und so Trost, Beruhigung, Hoffnung und ein Lächeln anbieten. Die Stadt Rom ist besonders geeignet, uns vor Augen zu führen, wie nötig Clowns sind. Diese große, geschäftige, anregende und aufregende Stadt führt uns ständig in Versuchung, es den Löwenbändigern und Trapezkünstlern gleich zu tun, denen sich die meiste Aufmerksamkeit zuwendet. Aber immer wenn die Clowns auftreten, werden wir daran erinnert, daß in Wahrheit etwas anderes zählt, außerhalb des Spektakulären und Sensationellen, das, was in den Zwischenakten geschieht. Die Clowns zeigen uns durch ihr „nutzloses" Treiben nicht nur, daß vielen unserer Anliegen, Sorgen, Spannungen und Ängsten ein Lächeln gut zu Gesicht stehen würde, sondern, wichtiger noch, daß auch wir weiße Farbflecken auf den Wangen tragen und aufgerufen sind, ein wenig den Clown zu spielen.

Ich habe in Rom einige sehr schöne Clowns entdeckt, heilige Männer und Frauen, deren Tränen immer ein Lächeln verbergen und deren Lächeln eine

Träne verdeckt. Sie haben mir Mut gemacht, die weiße Farbe auf meinem Gesicht nicht abzuwischen, sondern im Gegenteil etwas dicker aufzutragen. Ich hoffe, daß auch Sie, wenn Sie dieses Buch gelesen haben, sich ermutigt fühlen, etwas mehr von der Farbe der Clowns zu benutzen, und im eigenen Leben den unschätzbaren Wert von Einsamkeit, Zölibat, Gebet und Kontemplation erfahren.